Menus des QuatreSaisons

À l'approche de l'an 2000, il était important pour nous de démontrer que gastronomie et santé pouvaient faire bon ménage, sans nécessairement s'appeler diététique. Aujourd'hui, nous voulons savoir ce que nous mangeons et comment bien s'alimenter, sans obligatoirement monter sur la balance après avoir mangé des truffes au chocolat ou du saumon mariné au lait de coco.

Le concept de menus était un moyen efficace de prouver que cuisine et plaisir s'harmonisent avec santé et bien-être. La série comprend des menus pensés en fonction des saisons et pour toutes les occasions. Express, pour tous les jours, Solo, pour personnes seules, Allégé, pour garder la ligne, Gourmet, pour recevoir les amis, Folie, pour échapper à la routine et Buffet, pour recevoir la famille. La variété et le choix des aliments utilisés ainsi que leur présentation ont conduit à l'élaboration de menus équilibrés. Pour chacun d'eux, la qualité et la fraîcheur des ingrédients ont été des critères de premier ordre. La notion d'équilibre se situe également au niveau des différents types de menus. En fait, c'est plutôt l'excès qui mène au sentiment de culpabilité et aux problèmes de santé. Ainsi, on devrait choisir un menu allégé le lendemain d'un soir de fête où un confit de ris de veau était à l'honneur.

Nous proposons une cuisine moderne où les cuissons sont justes, les sauces allégées, où les matières grasses sont utilisées avec nuance. Les recettes sont originales, inspirées des cuisines du monde entier. Les portions sont raisonnables. Manger des pâtes, des pommes de terre, du pain et des pâtisseries fait grossir? Non, car tout est une question, comme nous l'avons dit, d'équilibre, de quantité et de bon sens. L'association d'une équipe composée de spécialistes en alimentation veut bouleverser ces idées préconçues ou inexactes.

Pour chaque saison, nous vous offrons des repas irrésistibles. Choisissez-les avec discernement. Nous vous invitons à dresser la table et à déguster avec nous ces Menus des Quatre Saisons.

Philippe Mollé
Hélène Laurendeau
Frédérique Fournier

PRÉFACE

C'est un peu comme pour l'oeuf de Colomb. Il suffisait d'y penser. Le fascicule de recettes, qui entre dans le panier à provisions en suivant le rythme des achats, c'est mieux qu'une revue, c'est mieux qu'un livre de cuisine,. Parce que c'est les deux à la fois. Aussi beau qu'un livre. Aussi pratique qu'une revue.

À l'heure où l'on veut conjuguer vitesse moderne et plaisirs anciens, la cuisine a besoin de prendre des détours ingénieux pour redresser la courbe du fast food. La nouvelle cuisine, qui a vieilli un peu, nous a laissé dans la bouche un goût de nouveauté, de fraîcheur et un besoin d'étonnement.

Il semble bien que les auteurs de Menus des Quatre Saisons aient parfaitement compris les attentes de ceux qui tiennent à préserver les liens fondamentaux qui existent entre la table et la santé sans avoir à digérer de vieux principes chaque fois qu'ils font la cuisine.

Revenir quatre fois par saison, c'est bien. Revenir avec des suggestions de menus c'est beaucoup mieux. À cours d'imagination, on bute souvent sur un obstacle au moment d'agencer les plats. Cette revue, c'est du tout cuit dans la bouche: l'image est là, la suggestion est là, le mode d'application aussi. Et l'exécution des recettes ne demande pas une dextérité exceptionnelle. Elles font un tour complet des situations que l'on peut rencontrer un jour ou l'autre, menus pour deux, menus des jours de fête, menus qui s'articulent bien et dont on peut, pourquoi pas, déplacer certains plats. Menus fiables, qui ne sont pas sortis de l'imagination furibonde d'un cuisinier, mais qui collent à notre réalité quotidienne. Ils doivent nous plaire. Mais ils doivent aussi nous nourrir sainement. Pour chaque plat, une vérification diététique est faite. En souplesse, avec élégance, pour le plaisir des yeux, du palais et pour le bien-être de nos estomacs!

Françoise Kayler

Françoise Kayler

Il est bon de rappeler que les mesures métriques sont beaucoup plus précises que les mesures anglo-saxonnes. Nous vous conseillons donc vivement de vous procurer une balance et de peser vos ingrédients. Sinon, consulter les informations suivantes, elles vous seront fort utiles!

Mesures générales à retenir

```
1   oz  = 30 g = 30 ml = 2 c. à soupe
1/2 oz  = 15 g = 15 ml = 1 c. à soupe
           5 g =  5 ml = 1 c. à thé

         250 g = 250 ml = 1 tasse

         2,5 cm = 1 po
```

Températures du four

Si vous voulez obtenir une température en degrés Celsius, alors que vous avez une température en degrés Fahrenheit, et vice-versa, il suffit de faire les opérations suivantes:

C: F - 32 x 5 : 9
F: C x 9 : 5 + 32

Exemples: pour convertir 325° F en degrés C
325 - 32 x 5 : 9 = 162° C (on arrondit à 170, pour correspondre aux graduations du four)

Pour convertir 170° C en degrés F
170 x 9 : 5 + 32 = 338° F (on arrondit à 325, pour correspondre aux graduations du four)

Poids de certains ingrédients courants

Attention à la farine et au sucre!

Formule de conversion pour le sucre

Si vous voulez convertir des grammes en millilitres:
g x 1,0870

Exemple: 125 g de sucre x 1,0870 = 136 ml

Si vous voulez convertir des millilitres en grammes:
ml x .92

Exemple: 250 ml x .92 = 230 g

Formule de conversion pour la farine tout usage

Si vous voulez convertir des grammes en millilitres:
g x 1,5625

Exemple: 150 g x 1,5625 = 234 ml

Si vous voulez convertir des millilitres en grammes:
ml x .64

Exemple: 300 ml x .64 = 192 g

Formule de conversion pour le beurre

Les grammes équivalent aux millilitres

1 feuille de gélatine = 4 ml de gélatine en poudre
Il faut 4 feuilles de gélatine pour équivaloir à 1 sachet de gélatine en poudre = 15 ml = 7 g

RECETTES DE BASE

FOND DE GIBIER

Pour 500 ml (2 tasses)

	les os d'1 poulet	
	les os d'1 faisan	
30 ml	d'huile d'arachide	(2 c. à soupe)
1	carotte	
1	oignon	
4	grains de poivre noir	
1	tomate	
30 ml	de cognac	(2 c. à soupe)
50 ml	de vin rouge sec	(10 c. à thé)
1 L	d'eau	(4 tasses)
1	bouquet garni (composition en p.7)	
	sel, au goût	

Liaison (facultatif)

| 50 g | de beurre manié | (10 c. à thé) |

- Concasser grossièrement les os et les faire revenir vivement dans une poêle.
- Éplucher les légumes et les laver. Les couper grossièrement et les ajouter aux os. Flamber au cognac. Ajouter le bouquet garni, le poivre et le vin rouge sec. Faire cuire 3 à 4 min, puis ajouter l'eau. Porter à ébullition. Saler légèrement. Laisser cuire 40 min à feu moyen. Passer à la passoire fine.
- Faire chauffer le jus et le lier légèrement avec un beurre manié, si désiré.

Note: Avec plus d'os, il serait préférable de laisser cuire le fond 1 h 30 et d'ajouter 1 L d'eau.

BOUILLON DE VOLAILLE

Pour 1 L (4 tasses)

750 g	de carcasses de volaille blanche (poulet, oie, etc.) ou ailerons	(1 1/2 lb)
1	poireau	
1	oignon	
2	échalotes sèches	
1	carotte moyenne	
1	gousse d'ail débarrassé de son germe	
1	bouquet garni	
20 g	de sel	(2 c. à thé)
4 L	d'eau	(16 tasses)

- Bien laver les carcasses de volaille et les concasser (hacher grossièrement).
- Éplucher et laver tous les légumes et les découper en mirepoix (gros cubes ou rectangles d'1,5 cm ou 2 cm de côté).
- Blanchir (passer dans l'eau bouillante) les carcasses de volaille durant 3 min. Jeter l'eau et rincer les carcasses.
- Remettre dans une casserole avec les légumes. Ajouter l'eau, le bouquet garni et un peu de sel. Faire cuire à feu moyen 1 h 30 min. Écumer de temps à autre. Filtrer le bouillon lorsque la cuisson est révolue.

• Ce bouillon de volaille peut être congelé facilement. Le faire par quantité de 1 tasse (250 ml) pour des usages multiples.

Bouquet garni: 1 branche de thym
2 queues de persil
1 feuille de laurier
1 branche de céleri

FOND DE VEAU À MA FAÇON

Recette donnée en base pour 1 L (4 tasses) de fond de veau. Ce dernier peut se conserver au congélateur. Pour ce faire, verser de petites quantités du fond dans des pots de yogourt ou tout autre récipient pouvant les contenir. Recouvrir d'une feuille de papier cellophane.

1,5 kg	d'os de veau	
	(crosse de veau ou à défaut, os de boeuf à moelle	(3 lb)
1	poireau	
1	carotte	
1	oignon	
1	branche de céleri	
1	bouquet garni	
1	verre de vin rouge	
4 L	d'eau	(16 tasses)
1	échalote sèche	

• Concasser les os grossièrement avec un marteau ou un couperet.
• Éplucher les légumes et les laver.

• Faire revenir dans un peu d'huile les os pour coloration. Ajouter les légumes coupés grossièrement. Ajouter l'eau et le bouquet garni. Porter à ébullition et laisser cuire 1/2 h. Écumer le bouillon. Ajouter le vin rouge et laisser cuire en mijotant doucement 2 h. Filtrer le bouillon et dégraisser.

Note: Pour corser le bouillon on peut ajouter en cours de cuisson, 5 ml (1 c. à thé) de base de boeuf.

Bouquet garni: 1 branche de thym
2 queues de persil
1 feuille de laurier
1 branche de céleri

PÂTE À CRÊPES À MA FAÇON

Recette pour 1 L (4 tasses)

1 L	de lait à 2%	(4 tasses)
350 g	de farine à pâtisserie	(2 3/4 tasses)
6	oeufs	
100 g	de sucre	(1 bon 1/3 tasse)
5 g	de sel	(1/2 c. à thé)
5 ml	de zeste d'orange râpée	(1 c. à thé)
5 ml	de zeste de citron râpé	(1 c. à thé)
100 ml	d'huile de tournesol	(1 bon 1/3 tasse)

- Disposer la farine dans un saladier en forme de fontaine.
- Ajouter au milieu, le sel, le sucre et l'huile, puis 1 L de lait tiède de préférence. Mélanger et ajouter les oeufs. Bien battre et passer si nécessaire à la passoire fine.
- Ajouter ensuite en dernier les zestes blanchis au préalable.
- Laisser reposer 2 h avant de préparer les crêpes.

BEURRE MANIÉ/OU MÉLANGÉ

100 g	de beurre doux	(1/3 tasse + 4 c. à thé)
100 g	de farine	(2/3 tasse)

- Mélanger le tout à la fourchette et se servir de ce mélange pour lier **éventuellement** les sauces.

Note: **Attention**, il ne faut pas abuser de ce mélange, la farine n'étant pas cuite.

FUMET DE POISSON

Pour 1 L (4 tasses)

500 g	de têtes de poissons blancs ou d'arêtes de turbot, flétan, lotte, sole, plie, etc.	(1 lb)
1	oignon	
1/2	carotte	
1	poireau	
1	bouquet garni	
30 g	de beurre doux	(2 c. à soupe)
250 ml	de vin blanc sec	(1 tasse)
3 L	d'eau	(12 tasses)

- Bien nettoyer tous les légumes et les découper grossièrement en mirepoix (gros cubes ou rectangles d'1,5 cm ou 2 cm de côté).
- Faire dégorger les arêtes ou les têtes à l'eau froide courante durant au moins 1 h (l'eau doit couler constamment).
- Faire fondre le beurre et y faire suer les légumes et les parures (têtes et arêtes) de poissons bien dégorgés. Ajouter le vin blanc et faire cuire 2 min. Ajouter l'eau et le bouquet garni. Porter à ébullition et faire cuire 30 min.
- Écumer et filtrer le mélange.
- Ce fumet de poisson se congèle très facilement. Le faire par quantité de 1 tasse pour des usages multiples.

Bouquet garni: 1 branche de thym
2 queues de persil
1 feuille de laurier
1 branche de céleri

Note: Ne jamais utiliser la peau des poissons pour faire des fumets car cette dernière apporte une couleur terne et un goût amer à la préparation.

MENU EXPRESS

Brouillade d'oeufs
aux foies de volaille et à l'aneth

Méli-mélo de pâtes fraîches
à la tomate et au basilic

Salade de pommes
caramélisées

MENU EXPRESS

Pour 4 personnes
Préparation: 10 min

BROUILLADE D'OEUFS AUX FOIES DE VOLAILLE ET À L'ANETH

Ingrédients

8	oeufs	
30 g	de beurre doux	(2 oz)
50 ml	de lait	(10 c. à thé)
3	échalotes sèches hachées	
100 g	de foies de volaille	(3,5 oz)
15 ml	de cognac	(1 c. à soupe)
1	branche d'échalote verte	
1	branche d'aneth haché sel et poivre, au goût	

Nutritionnellement vôtre

PAR PORTION	EXCELLENTE SOURCE	BONNE SOURCE
Énergie: 257 Cal	Vitamine A	Vitamine B6
1080 kJ	Riboflavine	
Protéines: 20 g	Folacine	
Glucides: 3	Fer	
Lipides: 18 g	Zinc	
Cholestérol: 591 mg		
Fibres alimentaires: 0 g		

L'oeuf a une teneur élevée en protéines de haute qualité. Brun ou blanc, l'oeuf possède les mêmes qualités nutritives puisque la couleur de la coquille dépend uniquement de la race de la poule. L'oeuf renferme 79 Cal (330 kJ), dont les trois quarts proviennent du jaune. À cause du taux élevé de cholestérol, ne consommer en moyenne que 3 oeufs par semaine. L'oeuf demeure un des aliments le plus utilisé dans l'industrie alimentaire.

Préparation

- Bien dénerver les foies de volaille et les faire tremper à l'eau courante vinaigrée 5 à 6 min. Découper les foies en escalopes.
- Faire fondre 15 g (1 oz) de beurre dans une poêle et y faire revenir les foies de volaille avec les échalotes sèches hachées 3 min. Saler et poivrer.
- Flamber au cognac, ajouter l'aneth haché et réserver.
- Dans une casserole, casser les oeufs et les faire cuire en remuant sur feu doux, ou de préférence au bain-marie. Ajouter le beurre restant et le lait. Saler et poivrer de nouveau. Ajouter l'échalote verte hachée, et bien mélanger.
- Répartir les oeufs en forme de nid dans les assiettes. Réchauffer les foies de volaille et disposer au milieu. Servir aussitôt.

Technique:

Dénerver: Enlever les parties nerveuses et membranes blanches ainsi que la peau transparente recouvrant les abats.

Technique:

Faire revenir: Mettre une viande ou des légumes dans un corps gras et faire chauffer à feu vif jusqu'à légère coloration.

Technique:

Flamber: Verser un alcool sur un aliment et y mettre le feu.

MENU EXPRESS

MÉLI-MÉLO DE PÂTES FRAÎCHES À LA TOMATE ET AU BASILIC

Ingrédients

200 g	de fettuccine vertes	(7 oz)
200 g	de fettuccine aux oeufs	(7 oz)
4	tomates bien mûres	
4	gousses d'ail	
120 ml	d'huile d'olive	(1/2 tasse)
8	branches de basilic frais OU	
20 ml	de basilic séché	(4 c. à thé)
4	pincées de sucre	
200 ml	de jus de tomate	(3/4 tasse)
80 g	de parmesan râpé OU de ricotta sel et poivre, au goût	(1/2 tasse)

Nutritionnellement vôtre

PAR PORTION	EXCELLENTE SOURCE	BONNE SOURCE
Énergie: 539 Cal 2260 kJ	Vitamine C	Riboflavine
	Vitamine E	Niacine
Protéines: 12 g	Thiamine	Vitamine B6
Glucides: 56 g	Fer	Folacine
Lipides: 30 g		Magnésium
Cholestérol: 6 mg		Zinc
Fibres alimentaires: 5,8 g (teneur élevée)		

Les pâtes sont faites de semoule de blé dur. Elles font partie du groupe des produits céréaliers et ne devraient pas être exclues d'une alimentation équilibrée. En effet, elles constituent une source appréciable d'énergie. Elles sont riches en glucides complexes et faibles en matières grasses. Traditionnellement reconnues comme aliment de base, elles sont aujourd'hui très "gastronomes".

Préparation

- Faire cuire les pâtes dans de l'eau bouillante salée. Refroidir aussitôt.
- Éplucher les tomates et les hacher en petits morceaux.

- Chauffer l'huile d'olive, y plonger les tomates et laisser cuire doucement 3 min. Ajouter l'ail et le basilic hachés, et le sucre. Saler et poivrer.

Préparation (Suite)

- Cuire à couvert encore 3 ou 4 min, en ajoutant le jus de tomate.
- Réchauffer les pâtes dans de l'eau bouillante salée 1 min, puis les égoutter.
- Disposer dans les assiettes et verser la sauce tout autour. Parsemer de parmesan ou de ricotta. Servir aussitôt.
- On peut décorer les assiettes de petites branches de basilic vert et rouge.

Ail dégermé.

Basilic frais et séché.

Tomate épluchée.

Truc:	*Note:*	*Note:*
Pour éplucher les tomates, retirer le pédoncule et les plonger dans de l'eau bouillante 1 min.	Il faut toujours retirer le germe qui se trouve au centre d'une gousse d'ail, car il est très indigeste.	À défaut de pâtes fraîches, utiliser des pâtes sèches de bonne qualité. (Cuisson des pâtes: fraîches 3 à 4 min; sèches 7 à 8 min.)

SALADE DE POMMES CARAMÉLISÉES

Pour 4 personnes
Préparation: 5 min

Ingrédients

4	pommes McIntosh	
30 g	de beurre doux	(2 c. à soupe)
100 g	de sucre	(7 c. à soupe)
100 ml	de jus de pomme	(1/3 tasse)
1/2	citron	
1/2	botte de menthe fraîche, pour la décoration	

Nutritionnellement vôtre

PAR PORTION	EXCELLENTE SOURCE	BONNE SOURCE

Énergie: 242 Cal
1010 kJ
Protéines: 0 g
Glucides: 49 g
Lipides: 7 g
Cholestérol: 16 mg
Fibres alimentaires:
3,5 g (teneur modérée)

La pomme contient plusieurs vitamines et minéraux, mais en petites quantités. Sa teneur en énergie est relativement faible (80 Cal/330 kJ), car elle renferme 84% d'eau. Comme le pommier est l'arbre fruitier le plus cultivé au monde, il existe de nombreuses variétés de pommes. Certaines, comme la Spy ou la Lobo, se prêtent mieux à la cuisson alors que d'autres, comme la McIntosh, la Spartan ou la Délicieuse, sont bonnes à croquer.

Préparation

- Couper les pommes en deux en conservant la peau. Frotter la chair au citron.   Retirer le coeur et autres parties non comestibles. Couper les pommes en tranches.
- Faire fondre le beurre dans une poêle en teflon, et y faire sauter les pommes 3 min. Ajouter le sucre et laisser cuire jusqu'à coloration ambrée (3 min env.). Ajouter le jus de pomme, verser dans un saladier et laisser refroidir.
- Répartir dans de petits ramequins en donnant aux pommes la forme d'une étoile et décorer de menthe fraîche. On peut également servir ce dessert dans des assiettes légèrement creuses.

Truc:
La pomme noircit au contact de l'oxygène. Pour éviter ce désagrément, frotter la chair exposée de citron.

Technique:
Faire sauter: Faire colorer rapidement des viandes, crustacés ou légumes à feu vif dans un corps gras en les remuant pour qu'ils n'attachent pas.

Note:
On peut retirer la peau des pommes, si désiré.

MENU SOLO

**Brochette de crevettes
au thym frais**

Foie de veau poêlé au sésame

**Mousse au chocolat amer
et à l'orange**

MENU SOLO

Pour 1 personne

Ingrédients

5   grosses crevettes
2   champignons blancs
2   branches de thym frais
        OU l'équivalent de thym séché
1   jus de citron
        huile, pour huiler une plaque à grillades
        bâtonnets de bois ou de métal pour
        brochettes

Nutritionnellement vôtre

PAR PORTION	EXCELLENTE SOURCE	BONNE SOURCE
Énergie: 49 Cal 205 kJ	Thiamine	
Protéines: 8 g		
Glucides: 3 g		
Lipides: 1 g		
Cholestérol: 54 mg		
Fibres alimentaires: 1 g		

Les crevettes sont plus riches en minéraux que le poisson. Lorsqu'elles sont entières et crues, elles doivent être cuites dans un court-bouillon toujours très salé. Il existe de très nombreuses variétés de crevettes. On peut distinguer la crevette d'eau douce appelée "chevrette" et la crevette d'eau froide, généralement plus goûteuse.

Préparation

- Décortiquer la carapace des crevettes et retirer l'intestin.
- Enfiler les crevettes sur une brochette et bloquer les extrémités avec 2 têtes de champignons (enlever le pied).
- Laver le thym s'il est frais, bien le sécher et saupoudrer sur la brochette.
- Placer sur une plaque à grillades légèrement huilée ou directement dans une poêle en teflon. Cuire 2 à 3 min de chaque côté.
- Décorer selon votre imagination ou d'un bouquet de cresson.

Note:

Pour apporter une touche exotique au plat, vous pouvez alterner crevettes et quartiers d'ananas.

Note:

Ne pas ajouter de sauce avec cette recette. Servir uniquement avec un jus de citron.

Garniture suggérée:

Julienne de légumes composée de poireaux, céleri, carottes sués (chauffés sur feu vif jusqu'à léger ramollissement).

FOIE DE VEAU POÊLÉ AU SÉSAME

Ingrédients

(Cette recette se multiplie facilement.)

1	tranche de 160 g de foie de veau	(5 oz)
1	oeuf battu	
20 g	de graines de sésame	(3/4 oz)
30 g	de petits morceaux de beurre doux, très froid	(2 c. à soupe)
20 ml	d'huile d'arachide ou de tournesol	(4 c. à thé)
1/2	tomate coupée en dés	
1/2	échalote sèche hachée	
50 ml	de vin blanc	(10 c. à thé)
5 ml	de ciboulette hachée	(1 c. à thé)
	sel et poivre, au goût	
	farine, pour enfariner	

Préparation

- Saler et poivrer la tranche de foie de veau. La passer dans la farine et dans l'oeuf battu, puis dans les graines de sésame.
- Dans une poêle en teflon, verser 20 ml d'huile. Faire cuire le foie 2 min de chaque côté. Réserver. Retirer le gras de cuisson, ajouter la tomate en dés et l'échalote, le vin blanc, et faire cuire 2 min.
- Hors du feu, monter la sauce en ajoutant de petits morceaux de beurre très froid et la ciboulette en fouettant.
- Verser la sauce obtenue dans l'assiette et poser la tranche de foie dessus.

Nutritionnellement vôtre

PAR PORTION	EXCELLENTE SOURCE	BONNE SOURCE
Énergie: 812 Cal	Vitamine A	
3400 kJ	Thiamine	
	Riboflavine	
Protéines: 44 g	Niacine	
	Vitamine B	
Glucides: 11 g	Folacine	
	Vitamine C	
Lipides: 63 g	Vitamine E	
	Fer	
Cholestérol: 620 mg	Magnésium	
	Zinc	
Fibres alimentaires: 2,3 g (teneur modérée)		

Le foie est un abat noble et celui de veau est le plus savoureux et le plus moelleux. Véritable supplément naturel de vitamines et de minéraux, une portion contient suffisamment de vitamine A, de fer, de riboflavine, de folacine et de zinc pour combler les besoins d'une journée.

Garniture suggérée:

Pommes de terre au four saupoudrées d'échalote verte.

Note:

Le foie de veau doit être servi rosé, ce qui veut dire pas trop cuit.

Technique:

Monter une sauce: Battre au fouet manuel une sauce pour en augmenter le volume.

MENU SOLO

Pour 1 personne

MOUSSE AU CHOCOLAT AMER ET À L'ORANGE

Ingrédients

(Cette recette donne 1 1/2 portion et se multiplie facilement.)

50 g	de chocolat mi-amer	(1/3 tasse ou 2 oz)
30 g	de sucre +	(2 c. à soupe)
1	pincée de sucre	
75 ml	de crème 35%	(1/3 tasse)
1	blanc d'oeuf	
40 ml	OU	(3 c. à soupe)
	le jus d'1 orange fraîche pressée	

Nutritionnellement vôtre

PAR PORTION	EXCELLENTE SOURCE	BONNE SOURCE
Énergie: 431 Cal 1800 kJ		Vitamine A
Protéines: 6 g		Folacine
Glucides: 43 g		Vitamine E
Lipides: 29 g		Magnésium
Cholestérol: 65 mg		Zinc
Fibres alimentaires: 1 g		

L'utilisation de blancs d'oeufs dans une mousse permet d'alléger la texture, tout en limitant la quantité de crème. Le blanc d'un gros oeuf renferme 88% d'eau, seulement 16 Cal (70 kJ), ainsi que des protéines et aucune trace de matières grasses. Il se congèle très bien, une fois débarrassé de sa coquille. Ne jamais fouetter des blancs très froids. Pour qu'ils montent bien, ils doivent être battus lorsqu'ils sont à la température de la pièce.

Préparation

- Couper le chocolat en petits morceaux et le faire fondre au bain-marie. Ajouter le jus d'orange.
- Fouetter la crème avant la fin de l'opération, ajouter le sucre.
- Fouetter le blanc d'oeuf et le soutenir avec la pincée de sucre. Incorporer un peu de crème au chocolat fondu, puis la totalité.
- Alléger le mélange avec le blanc d'oeuf et présenter en petites coupes ou dans un plat de service approprié.
- Pour une présentation plus fantaisiste, dresser la mousse à la poche à douille sur une meringue et disposer sur le dessus un décor au chocolat de votre choix. Ici, feuilles d'automne en chocolat.

Note:

Si on multiplie la recette par 2, il suffit d'ajouter uniquement 2 blancs d'oeufs et 3 jus d'orange.

Truc:

Pour éviter que la crème ne tourne en beurre, bien rafraîchir le bol dans lequel vous préparerez la mousse, ainsi que la crème, avant de vous en servir.

Technique:

Bain-marie: Casserole d'eau bouillante dans laquelle on place un autre récipient de diamètre inférieur, contenant une préparation à cuire.

MENU ALLÉGÉ

Émincé de poireaux aux tomates et à la ciboulette

Longe de porc braisée au chou rouge

Salade de mandarines à l'eau de miel

MENU ALLÉGÉ

Pour 4 personnes

ÉMINCÉ DE POIREAUX AUX TOMATES ET À LA CIBOULETTE

Ingrédients

2	poireaux	
40 ml	d'huile d'olive extra-vierge	(8 c. à thé)
1	tomate émondée, épépinée, coupée en dés	
1	gousse d'ail haché débarrassé de son germe	
5 ml	de ciboulette hachée	(1 c. à thé)
25 ml	de vinaigre de vieux vin	(5 c. à thé)
	sel et poivre, au goût	

Nutritionnellement vôtre

PAR PORTION	EXCELLENTE SOURCE	BONNE SOURCE
Énergie: 125 Cal		Folacine
520 kJ		Vitamine E
Protéines: 1 g		
Glucides: 11 g		
Lipides: 9 g		
Cholestérol: 0 mg		
Fibres alimentaires: 2 g (teneur modérée)		

Les matières grasses se présentent sous plusieurs formes. Celles dites "insaturées" se trouvent surtout dans les aliments d'origine végétale comme les huiles ou certaines margarines, ainsi que dans le poisson. L'huile d'olive utilisée pour cette recette renferme une sorte de gras insaturé qui pourrait jouer un rôle contre les maladies cardio-vasculaires, en diminuant le cholestérol sanguin.

Préparation

- Bien laver les poireaux et couper les feuilles vertes.
- Cuire les poireaux dans beaucoup d'eau légèrement salée, 40 à 45 min. Égoutter et découper les poireaux en morceaux.
- Chauffer l'huile d'olive et faire revenir les poireaux avec la tomate coupée en petits dés. Ajouter l'ail haché, la ciboulette, et le vinaigre.
- Verser dans une terrine ou un récipient et couvrir ce dernier. Laisser refroidir. Saler et poivrer, si nécessaire.
- Décorer le plat à l'aide de demi-tranches de tomates et de fines herbes fraîches.

Technique:

Émondée: Se dit de la tomate plongée dans de l'eau bouillante quelques instants pour permettre d'enlever la peau très facilement.

Technique:

Épépiner: Enlever les pépins.

Technique:

Revenir: Mettre les légumes dans un corps gras et faire chauffer à feu vif jusqu'à légère coloration.

MENU ALLÉGÉ

Pour 4 personnes

LONGE DE PORC BRAISÉE AU CHOU ROUGE

Ingrédients

1	chou rouge pommé	
4	gousses d'ail débarrassé de son germe	
1 kg	de longe de porc	(2 lb)
1	oignon haché	
10 ml	d'huile de tournesol	(2 c. à thé)
1	poignée de gros sel	
2 L	de bouillon de volaille	(8 tasses)
1/4 L	de vin rouge sec	(1 tasse)
10	grains de cumin	
15 ml	d'huile d'arachide	(1 c. à soupe)
	sel et poivre, au goût	

Sauce au porto (facultatif)

100 ml	de porto	(1 bon 1/3 tasse)
2	échalotes sèches hachées	
200 ml	de fond de veau (votre recette)	(3/4 tasse)
75 g	de petits morceaux de beurre doux très froid	(1/3 tasse)

Nutritionnellement vôtre

PAR PORTION	EXCELLENTE SOURCE	BONNE SOURCE
Énergie: 549 Cal	Thiamine	Calcium
2300 kJ	Riboflavine	
Protéines: 48 g	Niacine	
Glucides: 19 g	Vitamine B6	
Lipides: 26 g	Folacine	
Cholestérol: 100 mg	Vitamine E	
Fibres alimentaires:	Fer	
5,6 g (teneur modérée)	Magnésium	
	Zinc	

Le porc est une viande plus maigre qu'on ne le croit. Grâce à l'utilisation de nouvelles moulées mieux équilibrées, la viande de porc contient parfois moins de matières grasses que d'autres viandes ou volailles. Il existe aussi sur le marché du cochonnet nourri à base de yogourt.

Préparation

- Piquer les gousses d'ail dans la longe de porc.
- Faire chauffer l'huile d'arachide dans une poêle et y faire revenir la longe de porc. Saler, poivrer et réserver.

- Dans un grand faitout, faire bouillir de l'eau pour blanchir le chou, en y ajoutant le gros sel et l'huile de tournesol.

Préparation (Suite)

- Retirer le coeur (partie dure) du chou et le couper en 6 morceaux. Le blanchir à l'eau bouillante 10 min, et ajouter la partie tendre du chou.
- Dans le même faitout, ajouter l'oignon et la longe de porc. Émincer le chou grossièrement et le répartir autour du porc. Ajouter le vin rouge flambé, le bouillon de volaille et le cumin. Saler et poivrer légèrement.
- Faire cuire au four à couvert, à 275° F (135° C) environ 3 h. Sortir alors du four et laisser reposer avant de découper la viande en tranches.
- Servir sur un lit de chou. Accompagner du jus restant ou d'une sauce au porto qui se réalise comme suit.
- Dans une casserole, mettre les échalotes sèches hachées et faire réduire de moitié. Ajouter le fond de veau et le porto, et porter à ébullition.
- Hors du feu, ajouter les petits morceaux de beurre très froid en fouettant pour lier la sauce.
- Saler et poivrer la sauce et ajouter quelques gouttes de porto à la fin.

Chaque huile a une couleur particulière. De gauche à droite et de haut en bas: sésame, tournesol, noix, sésame grillé, olive.

Il faut allumer le feu deux fois pour faire flamber du vin. Aux premiers gros bouillons, la flamme s'éteint presque aussitôt. La deuxième fois, le vin flambe.

Pour monter une sauce, on y incorpore des petits morceaux de beurre très froid.

Note:	Technique:	Truc:
On peut servir également le rôti froid accompagné de moutarde, ou encore, d'une sauce au porto.	Vin flambé: Verser du vin auquel on aura mis le feu, sur l'aliment.	Il faut toujours enlever le germe qui se trouve au centre d'une gousse d'ail pour que ce dernier soit plus digeste.

MENU ALLÉGÉ

Pour 4 personnes

Ingrédients

500 ml	d'eau	(2 tasses)
8	mandarines sans pépins	
45 ml	de miel parfumé (thym, trèfle, etc.)	(3 c. à soupe)
3	branches de menthe fraîche	
1	gousse de vanille OU à défaut quelques gouttes d'extrait de vanille sucre à glacer, pour saupoudrer	

Nutritionnellement vôtre

PAR PORTION	EXCELLENTE SOURCE	BONNE SOURCE
Énergie: 122 Cal 510 kJ	Vitamine C	Vitamine A Folacine
Protéines: 1 g		
Glucides: 32 g		
Lipides: 0 g		
Cholestérol: 0 mg		
Fibres alimentaires: 3,2 g (teneur modérée)		

Les mandarines et autres fruits citrins (pamplemousse, orange, citron, lime) sont parmi les meilleures sources de vitamine C. Mais il existe aussi d'autres aliments qui en contiennent beaucoup: fraises, kiwis, poivrons verts et rouges, brocolis, choux de Bruxelles, ainsi que les jus vitaminés.

Préparation

- Faire chauffer l'eau avec le miel et la gousse de vanille ouverte en deux dans le sens de la longueur. Porter à ébullition. Ajouter les mandarines détaillées en quartiers et la menthe. Laisser reposer 2 h, puis réfrigérer 3 à 4 h.
- Servir en petites coupes décorées de feuilles de menthe fraîche, ou de feuilles d'érable saupoudrées de sucre à glacer.

Truc:

À défaut de feuilles de menthe fraîche, faire infuser quelques feuilles séchées dans les 2 tasses d'eau qui servent à la recette.

Note:

Les quartiers de mandarines doivent être débarrassés de la membrane blanche qui les recouvre.

MENU GOURMET

Huîtres au Pineau
"servies en coquille"

Jarret de veau en pot-au-feu

Gâteau aux amandes

HUÎTRES AU PINEAU "SERVIES EN COQUILLE"

Ingrédients

16	huîtres fines	
2	échalotes sèches hachées	
100 ml	de vin blanc sec	(un bon 1/3 tasse)
4	champignons nettoyés coupés très finement	
50 ml	de Pineau des Charentes	(10 c. à thé)
75 ml	de crème 35%	(1/3 tasse)
2	jaunes d'oeufs sel et poivre du moulin, au goût	

Nutritionnellement vôtre

PAR PORTION	EXCELLENTE SOURCE	BONNE SOURCE
Énergie: 162 Cal	Fer	Vitamine A
680 kJ	Zinc	Thiamine
Protéines: 5 g		
Glucides: 5 g		
Lipides: 10 g		
Cholestérol: 150 mg		
Fibres alimentaires: 0 g		

Parmi tous les aliments, les huîtres sont de loin la plus grande source de zinc. Pauvres en gras et riches en fer, elles constituent de véritables suppléments de minéraux. On trouve principalement deux sortes d'huîtres, les longues (Malpèques ou Fines de claires) et les plates (Maine ou Belons).

Préparation

- Ouvrir les huîtres et enlever le couvercle (la partie supérieure). Retirer l'intérieur et le réserver. Filtrer le jus mélangé à l'eau de mer dans un linge très fin (coton à fromage, par exemple) et récupérer ce jus dans une casserole. Ajouter le vin blanc et le Pineau des Charentes. Ajouter les échalotes sèches hachées. Porter à ébullition, puis retirer du feu.
- Faire pocher les huîtres 1 min environ dans le jus. Égoutter de nouveau les huîtres et filtrer de nouveau le jus. Ajouter la crème et les champignons à ce jus et faire réduire la quantité de liquide de moitié.
- Bien nettoyer les coquilles d'huîtres vides. Remettre 1 huître dans chacune des coquilles.
- Hors du feu, mélanger les jaunes d'oeufs avec une partie de la réduction, puis ajouter au mélange restant. Saler et poivrer, au goût.
- Disposer les huîtres sur une plaque allant au four (voir truc ci-bas) et remplir les coquilles de la sauce. Faire cuire au four à 375° F (190° C) 4 min environ. Servir aussitôt.

Note:

Attention, il y a probablement suffisamment de sel, sans avoir à en rajouter. Toutefois, dépendamment de l'endroit où ont été pêchées les huîtres, il se pourrait qu'il y ait besoin de rajouter du sel.

Truc:

Pour faire tenir les coquilles d'huîtres droites, les poser sur une plaque allant au four recouverte de gros sel, que vous pourrez récupérer ensuite.

Note:

Nous avons accompagné ce plat de salicornes (plante des marais salants bretons) marinés au vinaigre, disponibles dans les épiceries fines, magasins spécialisés ou vendant des aliments naturels.

MENU GOURMET

Pour 4 personnes

Ingrédients

1	jarret de veau de 3 kg	(6 lb)
8 L	d'eau	(32 tasses)
4	gousses d'ail débarrassé de son germe	
4	carottes	
4	navets blancs	
2	poireaux	
1/2	chou blanc	
2	branches de céleri	
10	grains de cumin	
1	verre de porto ou de xérès	
2	os à moelle	
4	pommes de terre	
50 g	de sel fin	(5 c. à thé)
1	bouquet garni	
10	grains de poivre, au goût	
	raifort, pour le service	
	gros sel, pour le service	
	moutarde, pour le service	

Nutritionnellement vôtre

PAR PORTION	EXCELLENTE SOURCE	BONNE SOURCE
Énergie: 558 Cal	Vitamine A	Calcium
2330 kJ	Vitamine C	
Protéines: 45 g	Thiamine	
Glucides: 62 g	Riboflavine	
Lipides: 14 g	Niacine	
Cholestérol: 131 mg	Folacine	
Fibres alimentaires:	Vitamine B6	
12,4 g (teneur très	Fer	
élevée)	Magnésium	
	Zinc	

Plat traditionnellement de cuisine bourgeoise, le pot-au-feu ou "bouilli" est un mélange de légumes et de viandes qui cuisent en mijotage dans un bouillon aromatisé. Le seul gras que l'on y trouve est celui de la viande et de l'os à moelle. Le pot-au-feu fournit de nombreux minéraux et vitamines.

Préparation

- Piquer le jarret des gousses d'ail, puis déposer ce dernier dans un faitout. Ajouter les légumes lavés et découpés. Couvrir de 6 L (24 tasses) d'eau froide. Ajouter les grains de cumin et de poivre, les os à moelle et les pommes de terre. Porter à ébullition. Écumer le bouillon à plusieurs reprises.
- Ajouter le sel fin et le porto, puis le bouquet garni et faire cuire à feu moyen de 3 à 4 h. Rajouter 2 L (8 tasses) d'eau après 2 h de cuisson. Poivrer de nouveau, si nécessaire.
- Le bouillon peut être servi à part, dans des bols ou tasses à consommé, accompagné de croûtons ou additionné de vermicelle.
- Présenter le jarret entier avec les légumes autour et servir avec de la moutarde, du raifort et du gros sel.

Notes:

Commander le jarret de veau à votre boucher, au moins 4 à 5 jours avant de préparer ce plat.

Composition d'un bouquet garni: 1 branche de thym, 2 queues de persil, 1 feuille de laurier et 1 branche de céleri.

Truc:

Pour ne pas que les tranches ou morceaux de chou se défassent, les attacher avec une ficelle (voir photo) et les cuire ainsi.

Vins suggérés:

Côtes-du-rhône ou chianti.

MENU GOURMET

Pour 4 personnes
(donne 8 portions)

GÂTEAU AUX AMANDES

Ingrédients

10	blancs d'oeufs	
300 g	de sucre	(1 1/3 tasse)
200 g	de farine	(1 1/3 tasse)
25 g	d'amandes effilées	(1/4 tasse)
1	zeste de citron blanchi et haché très finement	
125 g	de beurre mou	(1/2 tasse)
1	moule rectangulaire à pain	
	farine, pour enfariner le moule	
	amandes grillées, pour décorer	

Nutritionnellement vôtre

PAR PORTION	EXCELLENTE SOURCE	BONNE SOURCE
Énergie: 386 Cal 1620 kJ		Riboflavine
Protéines: 8 g		
Glucides: 58 g		
Lipides: 15 g		
Cholestérol: 34 mg		
Fibres alimentaires: 1 g		

Les amandes sont beaucoup utilisées dans les préparations culinaires, surtout en pâtisserie. Elles se mangent fraîches mais les amandes séchées sont davantage employées. Il en existe deux sortes: l'amande douce, que l'on trouve entière, effilée ou transformée en pâte et l'amande amère, au goût très prononcé. Cette dernière doit être utilisée à faible dose car elle renferme une substance qui peut être toxique en grandes quantités.

Préparation

- Monter les blancs en neige et incorporer le sucre petit à petit en mélangeant doucement.
- Mélanger à part le beurre très mou, la farine et le zeste de citron. Incorporer en soulevant le mélange des blancs d'oeufs.
- Beurrer un moule rectangulaire à pain et le fariner légèrement. Garnir du mélange. Saupoudrer le dessus d'amandes.
- Cuire au four à 350° F (180° C) 50 min environ. Vérifier la cuisson en enfonçant la pointe d'un couteau dans le gâteau. S'il en ressort propre, le gâteau est cuit, sinon, prolonger la cuisson. Attendre que le gâteau soit froid avant de le démouler.
- Pour le service, napper abondamment le fond de l'assiette d'une crème anglaise parfumée à l'orange (votre recette) et placer deux tranches de gâteau sur la sauce.
- Décorer le dessus du gâteau d'amandes grillées.

Note:

Les amandes peuvent être remplacées par des noisettes moulues.

Technique:

Monter: Battre au fouet électrique les blancs d'oeufs pour en augmenter le volume.

Technique:

Napper: Recouvrir l'assiette d'une couche épaisse de crème anglaise parfumée à l'orange.

MENU FOLIE

Salade folle "avant l'hiver"

Fondant de pétoncles "Frédérique"

Chocolatement "Vôtre"

MENU FOLIE

Pour 4 personnes

SALADE FOLLE "AVANT L'HIVER"

Ingrédients

2	avocats Haas
1	melon cantaloup
2	poignées de salade rouge (trévise ou radicchio)
1	endive
20 ml	de ciboulette hachée (4 c. à thé)
20 ml	de basilic haché (4 c. à thé)
1/2	citron
16	feuilles de basilic

Vinaigrette

5 ml	d'huile de noix (1 c. à thé)
15 ml	de vinaigre de vin (1 c. à soupe)
5 ml	de moutarde forte, type Dijon (1 c. à thé) sel et poivre, au goût

Nutritionnellement vôtre

PAR PORTION	EXCELLENTE SOURCE	BONNE SOURCE
Énergie: 227 Cal 950 kJ	Vitamine A Vitamine C	Vitamine E Magnésium
Protéines: 4 g	Vitamine B	
Glucides: 20 g	Folacine	
Lipides: 17 g		
Cholestérol: 0 mg		
Fibres alimentaires: 11,4 g (teneur très élevée)		

L'avocat est l'un des rares fruits à contenir des matières grasses. Toutefois, comme il s'agit d'un aliment d'origine végétale, il est exempt de cholestérol et renferme plusieurs vitamines et minéraux.

Préparation

- Éplucher les avocats et le melon. Frotter les avocats au citron et réserver.
- Nettoyer la salade et l'endive et mélanger aux herbes.
- Couper le melon et les avocats en tranches et les ajouter à la salade joliment présentés.
- Mélanger le vinaigre et la moutarde. Saler et poivrer.
- Ajouter la vinaigrette au mélange précédent.
- Répartir dans les assiettes et décorer avec les feuilles de basilic ou autres fines herbes.

Truc:

C'est pour éviter que les avocats noircissent au contact de l'oxygène qu'on les frotte de citron.

Note:

On peut servir cette salade folle accompagnée de croûtons de pain complet frottés à l'ail, ou ajouter des petits dés de saumon fumé dans la salade.

Vins suggérés:

Sancerre ou Pouilly Fuissé.

MENU FOLIE

Pour 4 personnes

FONDANT DE PÉTONCLES "FRÉDÉRIQUE"

Ingrédients

200 g	de pétoncles	(7 oz)
3	oeufs entiers	
450 ml	de crème 35%	(1 3/4 tasse)
500 ml	de fond de volaille	(2 tasses)
15 ml	de brandy	(1 c. à soupe)
1	soupçon de muscade	
1/4	de gousse d'ail	
	débarrassé de son germe	
5 ml	d'estragon	(1 c. à thé)
10 ml	d'échalote hachée	(2 c. à thé)
250 ml	de vin blanc sec	(1 tasse)
30 ml	de beurre doux	(2 c. à soupe)
24	haricots verts	
	sel et poivre, au goût	
	beurre, pour beurrer	
	les moules	

Nutritionnellement vôtre

PAR PORTION	EXCELLENTE SOURCE	BONNE SOURCE
Énergie: 586 Cal 2450 kJ Protéines: 19 g Glucides: 8 g Lipides: 49 g Cholestérol: 331 mg Fibres alimentaires: 0,6 g	Vitamine A Riboflavine	Folacine Vitamine E Magnésium Zinc

Les pétoncles sont parmi les fruits de mer les plus pauvres en gras et les plus riches en protéines et en potassium. La teneur en lipides de ce fondant provient plutôt de la crème... Le pétoncle et la coquille Saint-Jacques font partie de la famille des mollusques qui se logent généralement entre les deux valves de leur coquille, cette dernière représentant dix fois le volume de la partie comestible.

Préparation

• Dénerver les pétoncles et les verser dans le mélangeur électrique. Ajouter les oeufs, l'ail et le brandy. Mélanger 40 secondes et ajouter progressivement 200 ml (3/4 tasse) de crème sans trop remuer. Saler et poivrer, puis ajouter la muscade.

Préparation (Suite)

- Beurrer 1 moule à crème caramel et garnir du mélange précédent. Faire cuire au four, au bain-marie, 35 à 40 min à 300° F (150° C). Attendre 3 min avant de démouler. Avant de démouler, vérifier la cuisson en piquant la pointe d'un couteau au centre du fondant, si elle en ressort propre, la cuisson est parfaite, sinon, la prolonger. Pour démouler, glisser la pointe du couteau le long de la paroi interne du moule.
- Pendant les dernières min de cuisson des fondants, faire fondre le beurre dans une casserole, sans coloration. Ajouter l'échalote, le vin blanc et l'estragon haché. Laisser réduire 2 à 3 min. Ajouter 250 ml (1 tasse) de crème 35% et laisser réduire de moitié. Saler et poivrer.
- Répartir la sauce autour du fondant de pétoncles.
- Décorer avec des feuilles d'estragon et des haricots verts, simplement cuits à l'eau bouillante 3 min. On peut également faire une décoration en forme de toile d'araignée avec les haricots verts et dessiner à la poche à douille un filet de concentré de tomates additionné d'un peu de sauce.

Les pétoncles ont un nerf apparent, il faut l'enlever avant de cuisiner, c'est ce qu'on appelle "dénerver".

Une rondelle de carotte décore joliment un plat délicat.

Pour vérifier la cuisson d'une mousse ou d'un fondant, piquer la pointe d'un couteau en son centre. Si elle en ressort propre, c'est cuit.

Note:

À défaut d'estragon frais, utiliser de l'estragon séché.

Garnitures suggérées:

Riz sauvage aux petits légumes ou légumes verts.

Vins suggérés :

Riesling ou gewurztraminer vendanges tardives.

MENU FOLIE

Pour 4 personnes
(Donne 8 portions)

CHOCOLATEMENT "VÔTRE"

Ingrédients

150 g	de chocolat extra-amer	(1 petite tasse)
2	poires mûres, type Bartlett	
150 ml	de crème 35%	(2/3 tasse)
200 g	de pâte feuilletée	
	du commerce	(1/2 lb)
	OU votre recette	
1	citron	
50 g	de sucre	(10 c. à thé)
15 ml	d'alcool de poire Williams	
	(facultatif)	(1 c. à soupe)
15 g	de cacao	(8 c. à thé)
15 g	de sucre à glacer	(5 c. à thé)
	jaune d'oeuf, pour badigeonner	

Sirop léger

150 g	de sucre	(2/3 tasse)
1 L	d'eau	

Nutritionnellement vôtre

PAR PORTION   EXCELLENTE SOURCE   BONNE SOURCE

Énergie: 322 Cal
                1350 kJ
Protéines: 3 g
Glucides: 31 g
Lipides: 22 g
Cholestérol: 24 mg
Fibres alimentaires:
1,7 g

Plus un chocolat est noir, moins il est sucré. Les trois principales variétés sont le chocolat noir, le chocolat au lait et le chocolat blanc. Ce dernier est le plus riche, car il contient plus de beurre de cacao, de sucre et de lait en poudre et moins de cacao que les autres.

Préparation

- Étaler la pâte feuilletée en une abaisse de 1,5 cm (3/4 po env.) d'épaisseur. Détailler à l'intérieur 2 ronds de 15 cm (6 po) de diamètre et les piquer à l'aide d'une fourchette. Les badigeonner au jaune d'oeuf et les faire cuire sur une plaque allant au four à 400° F (200° C) 7 à 8 min. Sortir du four et laisser refroidir le feuilletage au moins 2 h.
- Faire fondre le chocolat au bain-marie et pendant ce temps, éplucher les poires, retirer le coeur et les frotter au citron.
- Faire pocher les poires 30 min dans un sirop léger composé de 2/3 tasse de sucre et de 4 tasses d'eau que vous porterez à ébullition. Laisser refroidir.
- Fouetter la crème et ajouter le sucre.
- Ajouter dans le chocolat fondu et hors du feu une partie de la crème fouettée. Remuer en soulevant le mélange de bas en haut. Ajouter le reste de la crème. On peut ajouter de l'alcool de poire Williams, si désiré à ce moment-ci. Laisser refroidir au réfrigérateur 2 h au moins.
- Couper les poires en fines tranches et ouvrir le feuilletage en deux. Garnir une première couche de crème chocolat. Disposer les poires sur le dessus et recouvrir de mousse. Refermer le couvercle et laisser 30 min au réfrigérateur.
- Avant de servir, saupoudrer de cacao et de sucre à glacer.

Technique:

Bain-marie: Casserole d'eau bouillante dans laquelle on place un autre récipient de diamètre inférieur, contenant une préparation à cuire.

Technique:

Pocher: Cuire dans un liquide que l'on porte à ébullition à peine visible.

Truc:

Pour éviter que la pomme et la poire noircissent, les frotter au citron.

MENU BUFFET

Carpaccio de veau aux artichauts
et aux herbes

Poulet sauté aux salsifis
et aux herbes

Entremets fin
d'omelettes au thon

Pommes de terre au lait, à l'ail
et à l'oignon vert

Feuilline de pommes et poires,
sauce cannelle

MENU BUFFET

Pour 8 personnes

CARPACCIO DE VEAU AUX ARTICHAUTS ET AUX HERBES

Ingrédients

560 g	de filet de veau nettoyé et paré	(1 1/4 lb)
8	coeurs d'artichauds (frais ou en conserve)	
100 ml	d'huile d'olive	(1/3 tasse)
100 ml	de jus de citron vert	(1/3 tasse)
30 g	de poivre concassé	(2 c. à soupe)
10	feuilles d'estragon	
2	bottes de ciboulette	
40 g	de parmesan râpé	(6 c. à soupe)
	sel, au goût	
1	laitue ou radicchio	
	huile de noix, pour assaisonner la salade	

Nutritionnellement vôtre

PAR PORTION	EXCELLENTE SOURCE	BONNE SOURCE
Énergie: 231 Cal 970 kJ		Vitamine A Niacine
Protéines: 14 g		Fer
Glucides: 7 g		
Lipides: 17 g		
Cholestérol: 51 mg		
Fibres alimentaires: 3 g (teneur modérée)		

L'artichaut possède des propriétés diurétiques et digestives. Ses ingrédients actifs sont concentrés dans les feuilles, la tige et la racine, et non dans la partie charnue que l'on mange. On peut utiliser l'eau de cuisson telle quelle ou dans une soupe. On doit le faire cuire le jour même de sa consommation car il se forme après 24 h des moisissures toxiques qui peuvent créer des ennuis intestinaux.

Préparation

- Mettre le filet de veau au congélateur au moins 4 h.
- Découper le filet de veau en tranches très fines et déposer en rosace dans chaque assiette.
- Badigeonner de jus de citron vert, puis d'huile d'olive.
- Assaisonner de sel et de poivre concassé.
- Ajouter les herbes hachées finement, puis disposer les coeurs d'artichauts tout autour.
- Assaisonner la salade d'huile de noix qui est très appropriée pour cette salade, ou de toute autre huile au goût.
- Servir le parmesan râpé à part, ou parsemé sur le dessus du plat.
- Décorer de feuilles de radicchio (salade rouge), de la partie verte des oignons verts, et de branches de ciboulette.

Truc:
On peut utiliser de la viande à fondue chinoise déjà découpée que l'on trouve facilement dans le commerce. Cette recette est un dérivé du carpaccio de boeuf, très populaire en Italie, auquel on ajoute des truffes blanches râpées.

Note:
On peut servir une salade plus abondante en ajoutant quelques feuilles de salade au centre du plat.

Technique:
Concassé: Haché grossièrement.

MENU BUFFET

Pour 8 personnes

Ingrédients

50	**ml**	d'huile d'olive	(10 c. à thé)
2		poulets coupés en 8 morceaux	
1		gousse d'ail débarrassé de son germe	
2	**kg**	de salsifis frais OU	(4 lb)
2		boîtes de 250 g de salsifis en conserve	(1/2 lb)
1/2	**L**	de vin blanc sec	(2 tasses)
1		oignon coupé en dés	
1		carotte coupée en dés	
1	**L**	de bouillon de volaille	(4 tasses)
1		bouquet garni (voir composition en p. 27)	
300	**ml**	de crème 35%	(1 1/4 tasse)
		fines herbes, au goût	
		sel et poivre, au goût	

Nutritionnellement vôtre

PAR PORTION	EXCELLENTE SOURCE	BONNE SOURCE
Énergie: 427 Cal 1790 kJ	Vitamine A Niacine	Riboflavine Vitamine B6
Protéines: 28 g		Magnésium
Glucides: 12 g		Zinc
Lipides: 26 g		
Cholestérol: 120 mg		
Fibres alimentaires: 1,7 g		

Le salsifis est un légume-racine blanc, de forme allongée et conique. Riche en sucre (12% environ), son goût est assez prononcé et sa chair est fondante. Il accompagne bien les plats de viande blanche. Il existe aussi une variété de salsifis noir appelée "scorsonère", qui possède des caractéristiques semblables.

Préparation

- Chauffer l'huile d'olive et y faire revenir les morceaux de poulet. Saler et poivrer, et faire cuire 4 à 5 min.
- Ajouter l'oignon, la carotte et le bouquet garni. Faire flamber le vin blanc. Verser le vin blanc et le bouillon de volaille sur le poulet, et cuire à couvert 40 à 45 min à feu moyen. Ajouter l'ail.
- Éplucher les salsifis et les faire cuire au blanc environ 1 h à 1 h 15 min.
- Vérifier la cuisson à l'aide de la pointe d'un couteau. Elle doit y entrer librement, et en ressortir propre.
- Prélever 200 ml (3/4 tasse env.) de bouillon de cuisson et ajouter à la crème. Faire réduire le volume de liquide de moitié, et faire chauffer les salsifis dans ce mélange. Assaisonner et saupoudrer d'herbes fraîches, au goût.
- Réchauffer le poulet dans son jus. Disposer dans les assiettes, ou dans un plat de service, sans le jus. Ajouter les salsifis à la crème.

Garnitures suggérées:
Riz pilaf ou pommes de terre au lait, à l'ail et à l'oignon vert (voir recette en p.39).

Technique:
Cuire au blanc: Plonger les légumes (artichauts, asperges blanches, salsifis) dans un blanc composé d'un mélange de 3 L (12 tasses) d'eau, 150 g (1 petite tasse) de farine et 2 jus de citron ou 80 ml (1/3 tasse) de vinaigre blanc, 30 g (4 c.à thé env.) de sel.

Vin suggéré:

Mâcon Viré.

ENTREMETS FIN D'OMELETTES AU THON

Ingrédients

20	oeufs	
200 g	de thon en conserve, au naturel	(3/4 tasse)
10 g	de pâte de tomates	(2 c. à thé)
1	tomate émondée et hachée	
50 ml	de lait	(10 c. à thé)
1/2	poivron vert haché	
1	branche de persil haché	
30 ml	de yogourt nature	(2 c. à soupe)
50 ml	de mayonnaise	(10 c. à thé)
	Tabasco, au goût	
12	anchois	
1	boîte de 14 oz (398 ml) de petits pois fins	
6	olives noires	
	sel et poivre, au goût	
	beurre, pour beurrer la poêle	

Nutritionnellement vôtre

PAR PORTION	EXCELLENTE SOURCE	BONNE SOURCE
Énergie: 243 Cal	Riboflavine	Vitamine A
1020 kJ	Folacine	Niacine
Protéines: 22 g		Vitamine B6
Glucides: 6 g		Vitamine E
Lipides: 15 g		Fer
Cholestérol: 434 mg		Zinc
Fibres alimentaires: 1,6 g		

La cuisine à base d'oeufs présente de nombreux avantages sur le plan nutritif. Le mélange d'oeufs et de thon fait de ce plat, presque tout un repas. A défaut de thon, on peut utiliser tout poisson blanc: turbot, flétan, etc. Ce plat est réservé aux personnes qui n'ont pas de problème de cholestérol.

Préparation

- Casser les oeufs et les battre dans un saladier. Saler et poivrer légèrement. Ajouter le lait et répartir le mélange en trois parts.
- Dans la première part, ajouter aux oeufs, le demi-poivron haché et le persil.
- Dans la deuxième part, ajouter la tomate émondée et épépinée et la pâte de tomates.
- Dans la troisième part, ajouter les petits pois égouttés. Bien mélanger.
- Prendre une poêle en teflon et la beurrer légèrement. Y verser un des mélanges, et à l'aide d'une cuillère de bois, remuer en tournant jusqu'à ce que la consistance devienne ferme. Mettre au four 1 min à 350° F (180° C). Démouler l'omelette sur une assiette. Recommencer l'opération identique pour les 2 autres parts.
- Égoutter le thon et le passer au mélangeur électrique avec le yogourt et la mayonnaise. Ajouter le Tabasco, saler et poivrer.
- Découper une bande de carton pour former un cercle (voir truc) et y déposer le gâteau au poivron et aux herbes. Recouvrir celui-ci de mousse de thon sur une épaisseur d'1/2 cm (1/4 po). Poser sur le dessus l'omelette à la tomate et recommencer avec la mousse de thon. Terminer avec l'omelette aux petits pois. Laisser au réfrigérateur 24 h avant de découper.
- Décorer avec des anchois et des olives noires.

Truc:

Faire un cercle de carton en découpant une bande de 5 cm (2 po) dans un morceau de carton assez souple, et coller les deux extrémités à l'aide de ruban adhésif.

Truc:

Pour éviter que le manche de la poêle en bakélite brûle durant son séjour au four, l'enrober de papier d'aluminium.

Note:

Ce plat peut s'accompagner de vinaigre à l'échalote.

MENU BUFFET

Pour 8 personnes

POMMES DE TERRE AU LAIT,
À L'AIL ET À L'OIGNON VERT

Ingrédients

16	petites pommes de terre de saison
30 ml	de ciboulette hachée (2 c. à soupe)
50 g	de beurre doux (10 c. à thé)
4	gousses d'ail débarrassé de son germe
2	branches d'oignon vert haché
500 ml	de lait (2 tasses)
	sel et poivre, au goût

Nutritionnellement vôtre

PAR PORTION	EXCELLENTE SOURCE	BONNE SOURCE
Énergie: 298 Cal 1250 kJ	Vitamine B6 Magnésium	Thiamine Vitamine C Fer
Protéines: 7 g		
Glucides: 55 g		
Lipides: 6 g		
Cholestérol: 19 mg		
Fibres alimentaires: 4,8 g (teneur élevée)		

La pomme de terre est un excellent aliment qui possède des qualités nutritives indéniables, lorsqu'on n'y ajoute pas de corps gras. Elle est riche en vitamines B et C, en potassium et en fibres alimentaires. Il y aurait plus de quatre cents manières d'apprêter la pomme de terre qui, avec le riz, est le légume et féculent le plus utilisé au monde.

Préparation

- Brosser les pommes de terre de saison et les laver. Les couper en deux, puis en quatre.
- Frotter d'ail et beurrer grossièrement une terrine allant au four. Y ranger les pommes de terre. Saler et poivrer, puis saupoudrer d'oignon vert haché. Ajouter l'ail haché.
- Recouvrir la terrine de papier d'aluminium et laisser cuire au four au moins 40 min à 325° F (170° C). Vérifier la cuisson à l'aide de la pointe d'un couteau. Les pommes de terre sont cuites lorsque la pointe du couteau y entre librement.
- Filtrer le lait de cuisson et le faire réduire de moitié.
- Présenter les pommes de terre sur un plat de service. Verser le jus de cuisson par dessus. Saupoudrer de ciboulette hachée.

Note:

Ce plat peut également servir de garniture pour des braisés ou des viandes cuites à la broche.

Truc:

Il faut toujours enlever le germe de l'ail qui se trouve au centre de la gousse, pour faciliter sa digestion.

Truc:

Vérifier la cuisson des pommes de terre en piquant dedans avec la pointe d'un couteau. Il ne doit y avoir aucune résistance sous la pression.

Pour 8 personnes

FEUILLINE DE POMMES ET POIRES, SAUCE CANNELLE

Ingrédients

300 g	de pâte feuilletée	(10 oz)
4	pommes mûres	
4	poires mûres	
1/2	citron	
125 g	de sucre	(1/2 tasse)
30 g	de noix hachées	
50 g	de beurre doux fondu, pour	
	badigeonner le moule	(10 c. à thé)

Sauce cannelle

(Donne 1 1/2 L de sauce.)		(6 tasses)
800 ml	de lait	(3 1/4 tasse)
2	bâtons de cannelle	
12	jaunes d'oeufs	
300 g	de sucre	(1 1/4 tasse)
200 ml	de jus de pomme	(3/4 tasse)

Nutritionnellement vôtre

PAR PORTION	Sans sauce	Avec sauce
Énergie:	390 Cal	470 Cal
	1630 kJ	1970 kJ
Protéines:	3 g	5 g
Glucides:	50 g	62 g
Lipides:	21 g	24 g
Cholestérol:	14 mg	99 g
Fibres alimentaires:		
4,2 g (teneur élevée)		4,2 g

La cannelle est une épice qui se marie particulièrement bien avec les pommes et les poires. Comme la cannelle en poudre perd rapidement sa saveur et son arôme, il est préférable de l'acheter en petites quantités ou, encore mieux, en bâton.

Préparation

- Étaler la pâte feuilletée sur une épaisseur d'1/2 cm (1/4 po), et deux ronds de 15 cm (6 po) de diamètre. Badigeonner de beurre fondu et saupoudrer de sucre.
- Éplucher les fruits et les frotter au citron pour éviter qu'ils noircissent. Retirer le coeur et couper les fruits en lamelles.
- Répartir en rosace sur la pâte et, en alternant pommes et poires.
- Saupoudrer de sucre et de noix hachées. Cuire au four à 400° F (200° C) 15 à 20 min. Laisser tiédir avant de servir et ajouter alors la sauce cannelle qui se réalise comme suit.
- Faire bouillir le lait et le jus de pomme, chacun de leur côté.
- Mélanger les jaunes avec le sucre et bien fouetter. Ajouter la cannelle dans le lait et faire infuser 20 à 30 min. Ajouter les jaunes d'oeufs et le sucre dans le lait tiède, puis le jus de pomme. Reporter à ébullition tout en remuant. Arrêter la cuisson dès le premier bouillon. Sortir les bâtons de cannelle et passer le contenu de la casserole au mélangeur électrique, puis au chinois fin. Servir.
- Décorer en forme de palette de peintre. Le pinceau du peintre est fait d'un bâton de cannelle et de chocolat.

Note:

On peut servir cette sauce avec un grand nombre d'accompagnements de desserts. Elle est particulièrement agréable avec les pommes et les mangues. Elle peut également être servie à part, en saucière.

Truc:

Pour éviter que les pommes et les poires noircissent, les frotter au citron.

MENU EXPRESS

Soupe de champignons
aux épinards

Filet de truites au poivre noir
et au sésame

Mousse de bananes
au Drambuie

Pour 4 personnes
Préparation: 20 min

SOUPE DE CHAMPIGNONS AUX ÉPINARDS

Ingrédients

500 g	de champignons frais	(1 lb)
	OU	
250 g	de champignons frais +	(1/2 lb)
50 g	de champignons séchés	(1 oz)
1	oignon haché	
1	poireau	
1	gousse d'ail haché, débarrassé de son germe	
1	poignée d'épinard	
1 L	d'eau OU de bouillon de volaille	(4 tasses)
150 ml	de crème 35%	(2/3 tasse)
50 g	de beurre doux	(10 c. à thé)
	sel et poivre, au goût	

Nutritionnellement vôtre

PAR PORTION	EXCELLENTE SOURCE	BONNE SOURCE
Énergie: 244 Cal 1020 kJ	Vitamine A	Niacine
Protéines: 4 g	Riboflavine	Magnésium
Glucides: 16 g	Folacine	
Lipides: 20 g	Fer	
Cholestérol: 65 mg		
Fibres alimentaires: 5 g (teneur élevée)		

Le fer contenu dans les végétaux est moins bien absorbé par l'organisme que celui provenant des aliments d'origine animale. Il est préférable d'inclure au même repas un aliment riche en vitamine C (jus ou fruits citrins, légumes verts, cantaloups, fraises, kiwis), car cette vitamine améliore l'absorption du fer.

Préparation

- Essuyer les champignons frais et les couper en morceaux.
- Faire gonfler les champignons séchés dans de l'eau froide 1/2 h.
- Faire fondre le beurre et y faire revenir sans coloration l'oignon.
- Laver le poireau et le détailler en petits morceaux. L'ajouter à l'oignon. Remuer à feu moyen 3 à 4 min. Ajouter les champignons, l'ail haché et le bouillon de volaille. Saler légèrement. Laisser cuire 20 min à feu moyen. Passer le tout au mélangeur, puis refaire bouillir dans une casserole.
- Équeuter les épinards et les laver. Les ciseler finement et les ajouter à la soupe ainsi que la crème. Saler et poivrer de nouveau.
- Servir dans des assiettes à soupe creuses. Accompagner de croûtons de pain de seigle taillés en forme de losange et grillés au four.

Note:

Si vous utilisez en guise de champignons séchés, des morilles, les laver dans plusieurs eaux, car ces champignons poussent généralement dans le sable.

Technique:

Faire revenir: Mettre une viande ou des légumes dans un corps gras et faire chauffer à feu vif jusqu'à légère coloration.

Truc:

Si vous préparez du bouillon de volaille maison, congelez-le en petits cubes dans des bacs à glaçons. Ils seront faciles à utiliser dans vos recettes.

MENU EXPRESS

Pour 4 personnes
Préparation: 10 min

au micro-ondes

FILETS DE TRUITES AU POIVRE NOIR ET AU SÉSAME

Ingrédients

4	truites saumonées	
30 ml	d'huile de sésame	(2 c. à soupe)
5 ml	de poivre concassé	(1 c. à thé)
10 ml	de graines de sésame	(2 c. à thé)
30 g	de beurre doux	(2 c. à soupe)
30 ml	de très petits dés de courgettes	(2 c. à soupe)
30 ml	de carotte coupée en brunoise	(2 c. à soupe)
100 ml	de crème 35%	(1/3 tasse)
50 ml	de jus de tomate	(10 c. à thé)
1	échalote hachée sèche	
2,5 ml	d'estragon haché (facultatif)	(1/2 c. à thé)
	sel, au goût	

Nutritionnellement vôtre

PAR PORTION	EXCELLENTE SOURCE	BONNE SOURCE
Énergie: 403 Cal	Vitamine A	Vitamine E
1690 kJ	Thiamine	Fer
Protéines: 28 g	Riboflavine	Magnésium
Glucides: 2 g		
Lipides: 31 g		
Cholestérol: 121 mg		
Fibres alimentaires: 0 g		

Les poissons comme la truite, le saumon, le thon, le hareng et le maquereau sont des sources importantes de gras "omega-3". Ce type de gras polyinsaturé nous protégerait contre certaines maladies du coeur en ralentissant la coagulation du sang et en abaissant le cholestérol. On recommande de consommer 2 à 3 repas de poisson par semaine.

Préparation

- Faire lever les filets des truites par le poissonnier, ou le faire vous-même.
- Assaisonner les filets de poisson légèrement de sel, de chaque côté. Mélanger le poivre et les graines de sésame.
- Huiler les filets au pinceau, puis paner du mélange.
- Déposer les filets sur une feuille de papier paraffiné légèrement beurré, puis dans un plat allant au four micro-ondes.

Préparation (Suite)

- Placer les filets au four et faire cuire à puissance maximale 2 1/2 min dans le plat recouvert d'un couvercle ou d'une feuille de papier cellophane. Laisser reposer 1 min.
- Dans une casserole, faire chauffer le beurre, ajouter l'échalote hachée et faire suer jusqu'à transparence. Ajouter les petits dés de légumes et faire cuire 2 min. Ajouter la crème et le jus de tomate. Porter à ébullition. Assaisonner de sel. Parfumer d'estragon haché. Verser la sauce au fond des assiettes, puis poser les filets de poisson dessus.
- Décorer au goût ou, pour une présentation raffinée, imiter les écailles du poisson en découpant du concombre en tranches fines, et en badigeonnant légèrement ces dernières d'huile.

De petits dés de carottes portent le nom technique de brunoise de carottes.

De gauche à droite: riz sauvage et estragon frais.

Le poivre concassé est un poivre haché grossièrement.

Garnitures suggérées:	*Technique:*	*Technique:*
Ratatouille niçoise ou tomates à la provençale, ou encore, riz sauvage mélangé à du riz à grains longs.	Faire suer: Mettre une viande, un poisson ou autre ingrédient dans une poêle contenant un corps gras. Couvrir et chauffer à petit feu jusqu'à léger ramollissement.	Brunoise: Légumes coupés en très petits dés.

44

Pour 4 personnes
Préparation: 10 min

MOUSSE DE BANANES AU DRAMBUIE

Ingrédients

3	bananes mûres	
	le jus d'1 citron pressé	
	OU	
40 ml	de jus de citron	(8 c. à thé)
50 g	de sucre	(4 c. à soupe)
30 ml	de Drambuie (S.A.Q.)	(2 c. à soupe)
4	feuilles de gélatine	
150 ml	de crème 35%	(2/3 tasse)
15 g	de cacao	(8 c. à thé)

Nutritionnellement vôtre

PAR PORTION	EXCELLENTE SOURCE	BONNE SOURCE
Énergie: 275 Cal 1150 kJ	Vitamine B6	Vitamine A
Protéines: 3 g		
Glucides: 34 g		
Lipides: 14 g		
Cholestérol: 49 mg		
Fibres alimentaires: 2 g (teneur modérée)		

La banane est un fruit très énergétique (90 Cal par 100 grammes) qui renferme environ 20% d'amidon. Les grosses espèces, comme la banane plantain, se cuisent et s'utilisent en accompagnement des plats salés, au même titre que les racines féculentes comme la pomme de terre.

Préparation

- Éplucher les bananes et les passer au mélangeur électrique avec le jus de citron et le sucre. Ajouter le Drambuie.
- Faire gonfler la gélatine dans de l'eau tiède et l'incorporer au mélange.
- Fouetter la crème en évitant qu'elle devienne trop ferme et par la même occasion, ne tourne en beurre. Ajouter la crème progressivement en soulevant le mélange. Garnir des bols individuels à l'aide d'une poche à douille. Saupoudrer de cacao.
- Décorer le dessus de crème chantilly ou de tranches de bananes frottées préalablement au citron ou encore, décorer de morceaux de meringue saupoudrées de cacao.

Truc:

Toujours faire gonfler la gélatine dans de l'eau tiède, elle s'y dissout plus facilement.

Note:

Le Drambuie est un alcool à base de scotch whisky, de miel de bruyère et d'herbes aromatiques.

Note:

4 feuilles de gélatine = 15 ml = 1 sachet de 7 g.

MENU SOLO

*Salade tiède d'endives
aux moules*

Cuisse de lapereau en cocotte

*Tranche de brie gratinée
aux noix*

MENU SOLO

Pour 1 personne

SALADE TIÈDE D'ENDIVES
AUX MOULES

Ingrédients

(Cette recette peut se multiplier facilement.)

1	endive	
250 g	de moules bleues	(1/2 lb)
30 ml	d'huile d'olive	(2 c. à soupe)
1	gousse d'ail débarrassé de son germe	
50 ml	de vin blanc sec	(10 c. à thé)
1	échalote sèche hachée	
1	jaune d'oeuf	
5 ml	de moutarde forte, type Dijon	(1 c. à thé)

sel, au goût
poivre du moulin, au goût
fines herbes (persil, ou autres), au goût

Nutritionnellement vôtre

PAR PORTION	EXCELLENTE SOURCE	BONNE SOURCE
Énergie: 400 Cal	Vitamine B6	Folacine
1670 kJ	Vitamine E	Fer
Protéines: 11 g		Zinc
Glucides: 4 g		
Lipides: 49 g		
Cholestérol: 248 mg		
Fibres alimentaires: 2,4 g (teneur modérée)		

La moule est un mollusque pauvre en gras et en calories et riche en fer et en protéines. Les moules doivent être consommées le jour même de leur achat.

Préparation

- Bien laver les moules (les frotter vigoureusement, si nécessaire, puis les gratter).
- Dans une casserole, faire chauffer l'huile d'olive sur feu vif. Ajouter l'échalote hachée. Ajouter les moules, le persil ou autres fines herbes et l'ail. Bien mélanger. Saler très légèrement et poivrer.
- Verser le vin blanc et couvrir. Faire cuire 5 min.
- Retirer les moules des coquilles et verser le jus de cuisson dessus.
- Nettoyer l'endive et la détacher en feuilles.
- Battre le jaune d'oeuf avec la moutarde, ajouter le jus des moules encore chaud. Mélanger avec les endives. Poivrer du moulin.
- Disposer sur une assiette tiédie au four et répartir les moules sur le dessus.
- Saupoudrer de cerfeuil ou de fines herbes, au choix.

Note:
Avant de les utiliser, nettoyer parfaitement les moules en les brossant vigoureusement. (Enlever les filaments noirs qui permettent aux moules de s'accrocher à la roche, ainsi que tous les autres éléments qui sont accrochés à la coquille.)

Truc:
On dit l'ail indigeste. En fait, c'est le germe qui se trouve en son centre qui l'est, et qu'il faut toujours enlever avant d'utiliser la gousse.

Note:
Les fines herbes sont vendues un peu partout dans les supermarchés dans des contenants de plastique transparent recouvert d'une feuille de papier cellophane.

Pour 1 personne
Cuisine classique

CUISSE DE LAPEREAU EN COCOTTE

Ingrédients

1	cuisse de lapereau	
50 ml	d'huile d'olive	(10 c. à thé)
1	tomate fraîche	
1	oignon émincé	
1	branche de céleri	
1	carotte en dés	
150 ml	de vin blanc sec	(2/3 tasse)
50 ml	de bouillon de volaille OU d'eau	(10 c. à thé)
15 ml	de pâte de tomates	(1 c. à soupe)
1	gousse d'ail débarrassé de son germe	
1	branche de thym frais	
1	feuille de laurier sel et poivre, au goût	

Nutritionnellement vôtre

PAR PORTION	EXCELLENTE SOURCE	BONNE SOURCE
Énergie: 397 Cal	Vitamine A	Thiamine
1660 kJ	Niacine	Riboflavine
Protéines: 32 g	Vitamine B6	Folacine
Glucides: 25 g	Vitamine C	Vitamine E
Lipides: 8 g	Fer	
Cholestérol: 91 mg	Magnésium	
Fibres alimentaires:	Zinc	
6,7 g (teneur très élevée)		

Le lapin de garenne et le lièvre font partie du petit gibier. Quant au lapin d'élevage, c'est un mammifère rongeur qui se classe parmi les viandes au même titre que le veau ou l'agneau. Tous possèdent une chair maigre et très digeste.

Préparation

- Dans une casserole, faire chauffer l'huile sans faire de fumée. Y faire revenir la cuisse de lapereau et assaisonner de sel et de poivre. Ajouter la tomate coupée grossièrement, puis les autres légumes. Verser le vin blanc et l'eau et ajouter la pâte de tomates et l'ail. Saler de nouveau légèrement et ajouter le thym et le laurier. Laisser cuire 3/4 d'heure à 1 h à couvert à feu moyen.
- Laisser reposer 1/2 h avant de réchauffer pour le service.
- Servir la cuisse accompagnée de bonnes nouilles fraîches parsemées d'échalotes hachées ou de ciboulette, ou encore de tomates concassées agrémentées de sauge.

Truc:

Afin de permettre une meilleure digestibilité de l'ail, retirer toujours le germe qui se trouve au centre.

Note:

Vous avez avantage à préparer 1 lapereau (jeune lapin) complet et congeler cette recette que vous pouvez réchauffer au micro-ondes.

Garniture suggérée:

Nouilles fraîches parsemées d'échalotes hachées ou de ciboulette (cuisson: dans de l'eau bouillante salée, 3 min pour les nouilles fraîches, 7 à 8 min pour les nouilles sèches).

MENU SOLO

Pour 1 personne

TRANCHE DE BRIE GRATINÉE AUX NOIX

Ingrédients

50 g	de brie	
	(1 ou 2 tranches minces)	(2 oz)
1/2	tranche de pain de blé entier	
	ou pain de campagne	
10 g	de beurre doux ramolli	(2 c. à thé)
5 g	de moutarde forte,	
	type Dijon	(1 c. à thé)
15 g	de noix de Grenoble	
	hachées	(2 c. à soupe)

Nutritionnellement vôtre

PAR PORTION	EXCELLENTE SOURCE	BONNE SOURCE
Énergie: 374 Cal		Vitamine A
1560 kJ		Riboflavine
Protéines: 14 g		Folacine
Glucides: 10 g		Magnésium
Lipides: 32 g		Zinc
Cholestérol: 71 mg		
Fibres alimentaires:		
2 g (teneur modérée)		

Les fromages à pâte molle comme le brie et le camembert renferment souvent moins de matières grasses (entre 22 et 27%) que certains fromages à pâte sèche comme le cheddar, le gruyère et le parmesan.

Préparation

- Retirer la croûte du pain de blé entier et faire griller ce dernier légèrement au gril du four. Laisser refroidir.
- Mélanger la moutarde et le beurre ramolli et en tartiner copieusement le pain. Saupoudrer de noix hachées. Poser le brie dessus.
- Faire gratiner au four 1 1/2 min environ.
- Décorer de noix et de feuilles de capucine. Depuis quelque temps, on trouve sur le marché des fleurs comestibles présentées dans des petites boîtes de plastique transparent recouvert de papier cellophane. Seules ces fleurs-là sont comestibles car dépourvues de pesticides ou produits chimiques toxiques.

Note:

Ne mangez que les fleurs dites comestibles vendues à cette fin.

Technique:

Gratiner: Passer au four un mets saupoudré de chapelure ou de fromage râpé pour lui faire prendre une couleur dorée.

Note:

Jusqu'en 1850 le dessert signifiait le dernier plat d'un repas, ce mot englobait le fromage, les préparations sucrées, et les fruits crus. Aujourd'hui, lorsqu'on parle de desserts, ce sont uniquement des mets sucrés.

MENU ALLÉGÉ

Potage de tomates au yogourt
et herbes salées

Morue en papillote et
aux petits légumes

Crème à l'orange

Pour 4 personnes

POTAGE DE TOMATES AU YOGOURT ET HERBES SALÉES

Ingrédients

Herbes salées

1	petite poignée de persil	
1	carotte	
1	échalote sèche	
1	poignée d'épinard	
1	branche de céleri	
30 g	de gros sel	(5 c. à thé)

Crème de tomates

3	tomates fraîches, mûres	
1	blanc de poireau	
15 ml	de pâte de tomates	(1 c. à soupe)
800 ml	de bouillon de volaille	(3 1/4 tasse)
1	pincée de sucre	
1	échalote sèche hachée	
30 ml	d'huile de tournesol ou d'olive	(2 c. à soupe)
100 ml	de yogourt brassé nature	(1/3 tasse)
	dés de croûtons de pain de blé entier, si désiré	
	poivre, au goût	

Nutritionnellement vôtre

PAR PORTION	EXCELLENTE SOURCE	BONNE SOURCE
Énergie: 144 Cal		Niacine
600 kJ		Vitamine C
Protéines: 7 g		Vitamine E
Glucides: 11 g		
Lipides: 9 g		
Cholestérol: 2 mg		
Fibres alimentaires:		
2,1 g (teneur modérée)		

Pour remplacer la crème, on utilise ici du yogourt nature maigre. On économise ainsi sur les matières grasses et les calories. Dans plusieurs recettes, il est possible de faire cette substitution, à condition de ne pas faire bouillir. Comme le pourcentage de gras du yogourt varie (de 0,1 à 8%), il faut bien surveiller l'étiquette.

Préparation

- Éplucher et laver les légumes et les hacher finement au robot culinaire ou au couteau de cuisine.
- Mélanger avec le gros sel.
- Mettre en bocal et garder au froid.
- Retirer la peau des tomates (voir en p.54). Concasser grossièrement.
- Chauffer l'huile, ajouter l'échalote et le blanc de poireau émincé, les tomates, et cuire 3 à 4 min. Ajouter le sucre, le bouillon de volaille et la pâte de tomates. Assaisonner de poivre et laisser cuire doucement 15 à 20 min, à couvert.
- Passer au mélangeur électrique en y ajoutant le yogourt. Réchauffer sans laisser bouillir.
- Ajouter 1 c. à thé d'herbes salées à la crème de tomates avant de servir et garnir de petits croûtons, si désiré.
- Décorer le centre de la soupe d'un peu de yogourt battu.

Note:

La recette d'herbes salées peut se faire à l'avance et se conserver au réfrigérateur dans un bocal fermé, plusieurs semaines.

Technique:

Émincer: Couper en tranches minces.

Technique:

Concasser: Hacher grossièrement.

MENU ALLÉGÉ

Pour 4 personnes

Ingrédients

4	filets de morue de 150 g chacun	(5 oz)
50 ml	d'huile de sésame (voir conseil)	(10 c. à thé)
1	branche de céleri	
1	carotte	
1	poireau	
1	gousse d'ail débarrassé de son germe	
1	tomate émondée beurre, pour beurrer du papier paraffiné sel et poivre, au goût	

Nutritionnellement vôtre

PAR PORTION	EXCELLENTE SOURCE	BONNE SOURCE
Énergie: 234 Cal 980 kJ	Vitamine A	Folacine
Protéines: 23 g	Vitamine B6	Magnésium
Glucides: 8 g	Vitamine E	
Lipides: 12 g		
Cholestérol: 54 mg		
Fibres alimentaires: 2 g (teneur modérée)		

La cuisson en papillote, en plus de favoriser un bon échange des saveurs, permet d'utiliser un minimum de gras, tout en conservant un maximum de valeur nutritive. Les cuissons au court-bouillon (pochage), sur le gril, à la vapeur ou au four à micro-ondes conviennent très bien au poisson.

Préparation

- Éplucher tous les légumes et ne garder que le blanc du poireau. Tailler les légumes en julienne.
- Faire chauffer l'huile et y faire revenir les légumes 2 à 3 min. Ajouter la tomate et faire cuire à feu très doux 1 min avec l'ail.

- Prendre une feuille de papier paraffiné et la placer dans du papier d'aluminium. Détailler ensemble en 4 rectangles. Plier les bords pour bien fixer le papier paraffiné et beurrer légèrement le fond du papier paraffiné. (On peut

Préparation (Suite)

n'utiliser que du papier d'aluminium pour faire une papillote.) Saler et poivrer légèrement.

- Poser les filets de morue sur le papier paraffiné. Saler et poivrer de nouveau. Disposer la julienne de légumes. Recommencer 3 fois l'opération, puis bien fermer les bords du papier pour que rien ne s'en échappe.
- Préchauffer le four au maximum de sa puissance 5 min. Disposer les papillotes sur une plaque allant au four et faire cuire 8 min.
- Découper le dessus de la papillote avec une paire de ciseaux et servir avec des pommes de terre en robe des champs.

Une papillote faite d'un papier d'aluminium tapissé de papier paraffiné.

Il ne reste plus qu'à enlever la dernière partie de peau pour obtenir une tomate émondée.

Un bain-marie qui isole bien le ramequin de la plaque de métal.

Conseil:

Essayez si vous en trouvez, de l'huile de sésame grillée vendue dans les épiceries fines ou les magasins qui vendent des produits naturels.

Note:

Une pomme de terre en robe des champs est une pomme de terre cuite dans sa pelure et présentée ainsi.

Note:

Émonder: Se dit surtout pour la tomate. La plonger dans de l'eau bouillante quelques instants et enlever la peau.

MENU ALLÉGÉ

Pour 4 personnes

CRÈME À L'ORANGE

Ingrédients

2	oranges	
350 ml	de lait	(1 1/3 tasse)
4	oeufs entiers	
100 g	de sucre	(7 c. à soupe)

Nutritionnellement vôtre

PAR PORTION	EXCELLENTE SOURCE	BONNE SOURCE
Énergie: 240 Cal	Riboflavine	Vitamine A
1000 kJ	Vitamine C	Folacine
Protéines: 10 g		
Glucides: 37 g		
Lipides: 7 g		
Cholestérol: 215 mg		
Fibres alimentaires: 1,6 g		

Les desserts à base de lait ont avantage à se retrouver plus souvent au menu. Les personnes qui n'aiment pas boire du lait peuvent le prendre de cette façon. Même les adultes ont besoin de consommer de deux à trois portions de lait et de produits laitiers chaque jour pour combler les besoins en calcium et en vitamine D.

Préparation

- Râper les zestes d'oranges et les blanchir à l'eau salée. Refroidir aussitôt à l'eau courante.
- Presser les oranges pour en extraire le jus.
- Dans un saladier, casser les oeufs et les mélanger avec le sucre et le jus d'orange.
- Faire bouillir le lait et l'ajouter peu à peu au mélange. Ajouter les zestes d'oranges.
- Verser dans des ramequins à crème caramel, puis cuire au bain-marie à 375° F (190° C) 30 à 35 min, (voir truc). Laisser refroidir et réfrigérer au moins 24 h.
- Servir dans des ramequins décorés d'une tranche d'orange et de quelques zestes.

Truc:

Placer les ramequins dans un contenant tapissé de papier journal et rempli d'eau jusqu'à 1 cm du bord des ramequins. Ceci évite le contact du métal avec les petits pots.

Technique:

Blanchir: Passer quelques minutes à l'eau bouillante pour attendrir ou enlever l'âcreté.

MENU GOURMET

Velouté de potiron gratiné
au fromage de chèvre

Suprême de poulet au poivre vert
et au muscadet

Tuiles aux amandes
et aux pistaches

MENU GOURMET

Pour 4 personnes

VELOUTÉ DE POTIRON GRATINÉ AU FROMAGE DE CHÈVRE

Ingrédients

4	petites citrouilles
2	échalotes sèches hachées
1	poireau
1	pomme de terre
1	branche de céleri épluché
1	tomate
2 L	de bouillon de volaille OU à défaut
2 L	d'eau (8 tasses)
60 g	de beurre doux (4 c. à soupe)
125 ml	de crème 35% (1/2 tasse)
10	pistils de safran OU
1,25 ml	de safran en poudre (1/4 c. à thé)
2	jaunes d'oeufs
50 g	de fromage de chèvre frais (2 oz)

Préparation

- Découper 1 chapeau sur le dessus des citrouilles. À l'aide d'une cuillère, évider la chair qui se trouve à l'intérieur de la citrouille et enlever les pépins. Vous aurez là une merveilleuse soupière. (Jeter la soupière après usage.)
- Éplucher et laver tous les légumes et les détailler en petits morceaux.
- Faire chauffer le beurre, y ajouter les échalotes, et faire revenir 2 à 3 min. Ajouter les autres légumes épluchés et la pulpe de citrouille.
- Verser le bouillon, et faire cuire à feu moyen, 40 à 45 min.
- Passer au mélangeur électrique, puis ajouter la crème et le safran. Rectifier l'assaisonnement. Verser le velouté dans les 4 soupières.
- Bien mélanger le fromage de chèvre avec les jaunes d'oeufs et répartir sur le dessus des 4 soupes. Gratiner au gril du four 3 à 4 min. Servir aussitôt avec de petites tranches de pain baguette grillé en accompagnement.

Nutritionnellement vôtre

PAR PORTION	EXCELLENTE SOURCE	BONNE SOURCE
Énergie: 418 Cal 1750 kJ	Vitamine A	Riboflavine
Protéines: 17 g	Niacine	Vitamine B6
Glucides: 17 g	Folacine	Vitamine C
Lipides: 32 g		Vitamine E
Cholestérol: 180 mg		Fer
Fibres alimentaires: 4 g (teneur élevée)		

En général, plus un fruit ou un légume est coloré (jaune orangé ou vert foncé), plus il est nutritif et renferme des vitamine A et C et des minéraux. La famille des courges en est un exemple. Attention! l'abricot fait exception, il est très pauvre en vitamine C.

Note:

Un velouté est un potage particulièrement crémeux.

Note:

Le safran est une épice au prix coûteux, tout simplement parce qu'il faut récolter, à la main, entre 70 000 et 80 000 pistils pour en obtenir 500 g (1 lb).

MENU GOURMET

Pour 4 personnes

SUPRÊME DE POULET AU POIVRE VERT ET AU MUSCADET

Ingrédients

4	poitrines de poulet débarrassé de la peau	
50 g	de beurre doux	(10 c. à thé)
30 ml	d'huile	(2 c. à soupe)
2	échalotes sèches hachées	
375 ml	(1/2 bouteille) de muscadet (vin blanc)	
250 ml	de bouillon de volaille	(1 tasse)
175 ml	de crème 35%	(3/4 tasse)
5 ml	de poivre vert	(1 c. à thé)
30 g	de beurre doux	(2 c. à soupe)
5 ml	de moutarde forte, type Dijon	(1 c. à thé)
	sel, au goût	

Nutritionnellement vôtre

PAR PORTION	EXCELLENTE SOURCE	BONNE SOURCE
Énergie: 481 Cal 2010 kJ	Vitamine A	Magnésium
Protéines: 30 g	Niacine	
Glucides: 4 g	Vitamine B6	
Lipides: 32 g	Vitamine E	
Cholestérol: 155 mg		
Fibres alimentaires: 0 g		

Le poivre vert est la baie (fruit) du poivrier. Si on l'achète en saumure ou dans du vinaigre, il faut bien le rincer avant de l'utiliser en cuisine. On le trouve aussi à l'état lyophilisé. Piquant, il doit être ajouté en fin de cuisson, sinon il perd son parfum et devient amer.

Préparation

- Faire chauffer 50 g de beurre et l'huile. Bien nettoyer les poitrines de poulet et les faire revenir 2 à 3 min de chaque côté.
- Retirer le gras, ajouter les échalotes hachées et le muscadet. Cuire 3 à 4 min avec le vin. Ajouter le bouillon de volaille et la crème.
- Faire réduire (la volaille demeurant dans le bouillon) le jus de cuisson de moitié. Ajouter le poivre vert. Saler et poivrer.
- Hors du feu, ajouter 30 g de beurre et la moutarde en fouettant.
- Disposer les suprêmes dans un plat de service et napper de la sauce.
- Décorer de bâtonnets de carottes vapeur. Reconstituer en forme de carotte. Découper la poitrine de poulet en tranches, si désiré. Disposer la sauce autour.

Note:

La poitrine est également appelée suprême. C'est le blanc du poulet (la poitrine seule) par opposition à la cuisse.

Garnitures suggérées:

Un fondant de chou à l'orange (voir recette en p. 71), des carottes braisées ou des carottes vapeur.

Technique:

Napper: Recouvrir une assiette ou un mets d'une couche de sauce épaisse ou de crème.

Vin suggéré:

 Muscadet.

MENU GOURMET

Pour 4 personnes

TUILES AUX AMANDES ET AUX PISTACHES

Ingrédients

75 g	d'amandes effilées	(1 bon 3/4 tasse)
50 g	de pistaches écalées et concassées	(1/3 tasse)
80 g	de sucre à glacer	(1/2 tasse)
35 g	de farine	(1/4 tasse)
1	blanc d'oeuf	
1	oeuf entier	
1	soupçon d'extrait de vanille	
20 g	de beurre doux fondu	(4 c. à thé)
	beurre, pour enfariner la plaque à biscuits	

Nutritionnellement vôtre

PAR PORTION	EXCELLENTE SOURCE	BONNE SOURCE
Énergie: 350 Cal 1460 kJ	Vitamine E	Thiamine
Protéines: 10 g		Riboflavine
Glucides: 34 g		Fer
Lipides: 21 g		Magnésium
Cholestérol: 63 mg		
Fibres alimentaires: 3,8 g (teneur modérée)		

Ce sont les amandes et les pistaches qui confèrent à ces biscuits leur valeur nutritive. Bien que les noix renferment un haut pourcentage de matières grasses, elles fournissent entre autres des fibres, du fer, du calcium et de la vitamine E.

Préparation

- Mélanger les amandes et les pistaches et ajouter le sucre et la farine.
- Battre l'oeuf et le blanc et les incorporer au premier mélange. Ajouter le beurre fondu et laisser reposer au réfrigérateur 1 h au moins.
- Beurrer légèrement une plaque allant au four.
- Réchauffer le four à 375° F (190° C). Étaler de petits tas de pâte sur la plaque et les étendre à la fourchette en essayant de faire des ronds de la largeur d'une tasse à café.
- Faire cuire au four jusqu'à ce que le pourtour devienne plus foncé.
- À l'aide d'une spatule, retirer aussitôt les tuiles et les poser soit sur un rouleau à pâtisserie ou à défaut sur le côté d'une bouteille débarrassée de son étiquette.
- Laisser refroidir ainsi 1 min et ranger dans une boîte hermétique.

Note:

Cette recette peut accompagner crèmes glacées, mousses, sorbets, etc.

Truc:

Ne jamais attendre que les tuiles soient froides pour les retirer de la plaque.

Truc:

Ne jamais mettre le mélange à tuiles sur une plaque allant au four qui soit chaude, la pâte n'y cuirait pas correctement. Garder les tuiles à l'abri de l'humidité.

MENU FOLIE

Potage de céleri-rave
aux pommes

Filet de doré à la crème
de poivre

Flan aux pistaches

Pour 4 personnes

POTAGE DE CÉLERI-RAVE AUX POMMES

Ingrédients

2	boules de céleri-rave (environ 400 g = 1 petite lb)
2	pommes
1	poireau
2	échalotes sèches hachées
150 ml	de crème 35% (2/3 tasse)
1 1/2 L	de bouillon de volaille OU d'eau (6 tasses)
50 g	de beurre doux (10 c. à thé) herbes, au goût sel et poivre, au goût

Nutritionnellement vôtre

PAR PORTION	EXCELLENTE SOURCE	BONNE SOURCE
Énergie: 355 Cal 1490 kJ	Vitamine A	Niacine
Protéines: 10 g		Vitamine B6
Glucides: 23 g		Fer
Lipides: 26 g		
Cholestérol: 78 mg		
Fibres alimentaires: 7 g (teneur très élevée)		

Les légumes sont des sources importantes de fibres alimentaires qui favorisent l'élimination des déchets de l'organisme. Mais pour que les fibres soient efficaces, il est important de boire de 8 à 10 verres d'eau par jour: eau, jus, soupes, breuvages chauds, etc.

Préparation

- Éplucher le céleri-rave et le couper en petits morceaux.
- Nettoyer le poireau et le couper également en petits morceaux.
- Faire fondre le beurre et y faire suer sans coloration les échalotes et le poireau. Ajouter le céleri-rave, le bouillon ou l'eau et laisser cuire à couvert 30 min.
- Éplucher les pommes et retirer le coeur. Découper en morceaux et les ajouter au potage. Faire cuire de nouveau 20 min.
- Passer au mélangeur électrique et ajouter la crème. Porter de nouveau à ébullition. Saler et poivrer.
- Parsemer d'herbes fraîches hachées.
- Décorer de fleurs comestibles ou de petits losanges de pomme.

Note:

Attention de ne consommer que des fleurs comestibles vendues comme telles et dépourvues de pesticides ou autres produits toxiques.

Note:

Si toutefois le potage était trop épais, le détendre avec du bouillon de volaille ou un peu d'eau.

Technique:

Faire suer: Mettre un ingrédient dans une poêle contenant un corps gras. Couvrir et chauffer à petit feu jusqu'à léger ramollissement.

MENU FOLIE

Pour 4 personnes

FILET DE DORÉ À LA CRÈME DE POIVRE

Ingrédients

4		filets de doré de 160 g	
		chacun	(5 oz)
2		échalotes sèches ciselées	
3	**g**	de poivre noir concassé	(3/4 c. à thé)
30	**g**	de beurre doux	(2 c. à soupe)
175	**g**	de crème 35%	(3/4 tasse)
75	**ml**	de vin blanc sec	(1/4 tasse)
80	**g**	de petits morceaux de	
		beurre doux froid	(1/4 tasse)
		sel et poivre, au goût	
		beurre, pour beurrer une	
		plaque	

Nutritionnellement vôtre

PAR PORTION	EXCELLENTE SOURCE	BONNE SOURCE
Énergie: 443 Cal	Vitamine A	Magnésium
1850 kJ	Folacine	
Protéines: 30 g		
Glucides: 3 g		
Lipides: 34 g		
Cholestérol: 162 mg		
Fibres alimentaires: 0 g		

Pour faire revenir les échalotes ou d'autres légumes, on utilise souvent du beurre. Le beurre est un corps gras qui renferme du cholestérol. Les personnes qui doivent en surveiller leur consommation peuvent opter, selon la recette, pour une huile végétale de maïs, de tournesol, d'arachide ou une huile de première pression, comme l'huile d'olive, qui ne contiennent pas de cholestérol.

Préparation

• Prendre une plaque allant au four. Y placer une feuille de papier paraffiné et la beurrer. Saler et poivrer. Poser les filets de doré. Saler et poivrer légèrement la surface du poisson et réserver.

• Faire chauffer le beurre. Ajouter les échalotes ciselées et faire suer sans coloration 1 min environ. Ajouter le poivre concassé et le vin blanc. Laisser réduire de moitié, puis verser la crème et faire réduire de nouveau de moitié. Pendant ce

Préparation (Suite)

temps, mettre le poisson au four à 325° F (170° C)
5 min environ. Réserver le poisson dans le four éteint.
- Passer la sauce au mélangeur et ajouter par le bec
  verseur de petits morceaux de beurre doux froid.
- Passer à l'étamine (passoire) fine. Napper le fond des
  assiettes de la sauce et y déposer le poisson.

Des échalotes ciselées sont de très petite taille.

L'étamine sera déposée dans cette passoire très fine qui
sert à passer une sauce, et qui se nomme elle aussi
"étamine".

Faire suer des échalotes consiste à les placer dans un
corps gras chauffé qui les ramollit sans coloration.

Garnitures suggérées:	Technique:	Vin suggéré:
Légumes vapeur aux herbes, ou asperges fraîches cuites croquantes, ou encore, de petits bouquets de brocolis.	Concasser: Hacher grossièrement.	Côtes de Duras.

Pour 4 personnes

FLAN AUX PISTACHES

Ingrédients

8	jaunes d'oeufs	
500 ml	de crème 35%	(2 tasses)
200 ml	de lait	(3/4 tasse)
200 g	de sucre	(3/4 tasse)
50 g	de pistaches hachées	(6 c. à soupe)
30 g	de pâte de pistaches	(2 c. à soupe)

Caramel

50 g	de sucre	(4 c. à soupe)
30 ml	d'eau	(2 c. à soupe)

Nutritionnellement vôtre

PAR PORTION	EXCELLENTE SOURCE	BONNE SOURCE
Énergie: 907 Cal	Vitamine A	Calcium
3790 kJ	Thiamine	Fer
Protéines: 13 g	Riboflavine	Magnésium
Glucides: 74 g	Folacine	Zinc
Lipides: 63 g		
Cholestérol: 583 mg		
Fibres alimentaires: 2,7 g (teneur modérée)		

La pistache, de la famille des fruits oléagineux, est un fruit très énergétique (630 kJ par 100 g). Il est constitué à 23% de protéines et à 54% d'huile. Vu son prix élevé, l'huile de pistache n'est pas commercialisée.

Préparation

- Battre les jaunes d'oeufs avec 200 g (3/4 tasse) de sucre. Faire chauffer le lait, la crème, les pistaches hachées et la pâte de pistaches.
- Hors du feu, incorporer le mélange oeufs/sucre au mélange lait/crème.
- Préparer un caramel blond en chauffant le sucre et l'eau et le répartir au fond des moules. Lorsque le caramel est dur, verser la préparation dessus. Tapisser le fond d'une plaque métallique à rebord, allant au four, de papier journal. Verser de l'eau dans la plaque et placer les moules dans l'eau. Faire cuire ainsi au bain-marie à 325° F (170° C) 25 à 28 min. Laisser refroidir et placer au réfrigérateur 3 h.
- Démouler et servir décoré de quelques pistaches écalées et de petites feuilles décoratives.

Truc:

Le papier journal placé dans un bain-marie isole le plat qui y cuit.

Note:

À défaut de pâte de pistaches, passer 100 g (env. 3 oz) de pistaches débarrassées de leur enveloppe au robot culinaire ou au mélangeur électrique avec 25 g (4 c. à thé) de sucre à glacer et 15 ml (1 c. à soupe) d'huile de tournesol.

MENU BUFFET

Salade d'endives aux 3 pains

Marinade de concombres aux avocats

Tarte à l'oignon, au jambon et à la bière

Fondant de chou à l'orange

Poires pochées au vin rosé

Pour 8 personnes

SALADE D'ENDIVES AUX 3 PAINS

Ingrédients

120 g	de pain blanc (4 tranches)	(4 oz)
120 g	de pain de blé entier (4 tranches)	(4 oz)
120 g	de pain de seigle (4 tranches)	(4 oz)
100 ml	d'huile d'olive extra-vierge	(1/3 tasse)
1	orange pressée	
6	endives	
10 ml	de moutarde forte, type Dijon	(2 c. à thé)
40 ml	de vinaigre de vin rouge	(8 c. à thé)
100 ml	d'huile de tournesol	(1/3 tasse)
2	échalotes vertes hachées	
1	pointe d'ail	

Préparation

- Retirer la croûte qui entoure les tranches de pain et couper le pain en petits dés.
- Faire chauffer l'huile d'olive extra-vierge sans fumée et y faire colorer les petits dés de pain. Égoutter sur du papier absorbant ou sur un linge.
- Préparer une sauce avec l'orange pressée et la moutarde. Ajouter le vinaigre et l'huile de tournesol. Mélanger au fouet en ajoutant les échalotes vertes et la pointe d'ail.
- Essuyer les endives et retirer la partie dure qui retient les feuilles. (Cette dernière est amère.) Détacher les feuilles. Les mélanger avec la vinaigrette à l'orange et ajouter les croûtons de pain.
- Pour bien faire ressortir les endives, décorer de feuilles de radicchio ou de Trévise placées entre les feuilles d'endives.

Nutritionnellement vôtre

PAR PORTION	EXCELLENTE SOURCE	BONNE SOURCE
Énergie: 236 Cal 990 kJ	Vitamine E	
Protéines: 3 g		
Glucides: 17 g		
Lipides: 18 g		
Cholestérol: 0 mg		
Fibres alimentaires: 2,1 g (teneur modérée)		

L'endive est obtenue par forçage dans l'obscurité d'une racine de chicorée. Les feuilles blanches de l'endive doivent être fermes, bien serrées et sans tache, et leur pourtour jaune. Parce qu'elle contient beaucoup d'eau, elle est très pauvre en calories. L'endive se mange crue en salade ou cuite. En Belgique, elle porte aussi le nom de chicon ou witloof.

Truc plus:

Si l'on désire cuire les endives, retirer à l'aide d'un couteau la partie centrale du pied qui retient les feuilles, cette dernière ajoute de l'amertume au légume.

Note:

Si la salade doit attendre longtemps, servir la vinaigrette à part pour éviter de "cuire" la salade, c'est-à-dire que les feuilles ramollissent.

Pour 8 personnes

MARINADE DE CONCOMBRES AUX AVOCATS

Ingrédients

4	concombres	
2	avocats pas trop mûrs	
2	citrons	
60 g	de sucre	(4 c. à soupe)
2	échalotes sèches hachées	
60 ml	d'huile d'olive	(4 c. à soupe)
30 ml	d'herbes fraîches hachées	
	(persil, thym,	(2 c. à soupe)
	basilic, estragon, romarin,	
	sauge, origan), au goût	
60 ml	de vinaigre blanc	(4 c. à soupe)
6 g	de gros sel	(1 c. à thé)

Nutritionnellement vôtre

PAR PORTION	EXCELLENTE SOURCE	BONNE SOURCE
Énergie: 192 Cal		Folacine
800 kJ		Vitamine E
Protéines: 2 g		
Glucides: 17 g		
Lipides: 15 g		
Cholestérol: 0 mg		
Fibres alimentaires:		
6,6 g (teneur très élevée)		

Cette marinade a une teneur très élevée en fibres. Elle doit être consommée avec parcimonie par ceux qui ont des intestins fragiles.

Préparation

- Éplucher les concombres et retirer les pépins. Éplucher les avocats et retirer les noyaux. Couper les concombres et les avocats en morceaux. Arroser les avocats du jus d'un citron. Réserver.
- Préparer la marinade avec le sucre, le gros sel, les échalotes hachées, le jus d'1 citron, le vinaigre et l'huile d'olive. Ajouter les herbes et bien mélanger. Ajouter les légumes à la marinade et garder au réfrigérateur.

Truc:

On passe la chair des avocats au citron pour éviter qu'elle noircisse.

Note:

Cette marinade peut se conserver 1 mois. Elle accompagne fort agréablement les salades, les viandes et les volailles froides.

TARTE À L'OIGNON, AU JAMBON ET À LA BIÈRE

Ingrédients

400 g	de pâte brisée (votre recette ou du commerce	(1 lb)
2	oignons	
5	tranches de jambon cuit maigre	
1	gousse d'ail débarrassé de son germe	
250 ml	de bière blonde	(1 tasse)
1,25 ml	de muscade	(1/4 c. à thé)
3	oeufs	
50 g	de beurre doux sel et poivre, au goût	(10 c. à thé)
1	moule à tarte de 9 po (22,5 cm) de diamètre	

Nutritionnellement vôtre

PAR PORTION	EXCELLENTE SOURCE	BONNE SOURCE
Énergie: 184 Cal 770 kJ		Thiamine
Protéines: 8 g		
Glucides: 13 g		
Lipides: 10 g		
Cholestérol: 86 mg		
Fibres alimentaires: 1 g		

Voilà une recette de tarte salée sans crème. Et en utilisant une seule abaisse au lieu de deux comme dans une tourte, on sauve environ 100 Cal (420 kJ) par portion.

Préparation

- Étaler la pâte au rouleau. Garnir le fond et le tour d'un moule à tarte de 9 po (22,5 cm) de diamètre. Laisser reposer jusqu'à utilisation.
- Éplucher les oignons et les émincer finement.
- Faire fondre le beurre et y faire revenir les oignons jusqu'à coloration ambrée. Ajouter la bière et la gousse d'ail haché. Faire cuire 3 min à feu moyen. Ajouter le jambon cuit coupé en petits dés. Assaisonner de sel, de poivre et de muscade. Laisser reposer le mélange jusqu'à ce qu'il soit tiède. Mélanger avec 3 oeufs battus. Garnir le fond de tarte du mélange et faire cuire au four à 325° F (170° C) 30 min. Découper en pointes.

Note:
Pour cette recette, utilisez des oignons blancs de préférence, qui sont légèrement sucrés et moins acides que les gros oignons.

Note:
La tarte peut aussi être servie froide.

Vin suggéré:
La bière remplace avantageusement le vin puisqu'on en trouve dans la recette.

Pour 8 personnes

FONDANT DE CHOU À L'ORANGE

Ingrédients

1	chou (blanc ou vert)	
2	oranges	
5	oeufs	
150 ml	de crème 35%	(2/3 tasse)
3 L	d'eau	(12 tasses)
	sel et poivre, au goût	
	beurre, pour beurrer le moule	

Sauce yogourtine

300 g	de yogourt nature	(1 1/4 tasse)
15 ml	de jus de citron	(1 c. à soupe)
5 ml	d'huile d'olive extra-vierge	(1 c. à thé)
5 ml	de ciboulette (facultatif)	(1 c. à thé)
	sel et poivre, au goût	

Préparation

- Dans un faitout porter 3 L (12 tasses) d'eau salée à ébullition.
- Nettoyer le chou et en retirer le centre. Découper le chou en plusieurs portions, et le faire cuire jusqu'à ce qu'un couteau puisse y pénétrer facilement. Égoutter le chou.
- Râper le zeste des oranges et blanchir les zestes 2 min à l'eau bouillante salée. Refroidir. Couper les oranges et passer le jus.
- Passer le chou au mélangeur électrique avec la crème et le jus d'orange. Ajouter les oeufs, saler et poivrer.
- Beurrer grossièrement un moule rectangulaire ou 1 terrine.
- Mélanger les zestes avec le mélange de chou et verser dans le moule. Cuire au bain-marie 50 min à 300° F (150° C). Laisser reposer avant de démouler.
- Préparer la sauce yogourtine comme suit. Mélanger le yogourt avec le jus de citron. Ajouter l'huile d'olive et la ciboulette hachée. Bien mélanger, saler et poivrer.

Nutritionnellement vôtre

PAR PORTION	EXCELLENTE SOURCE	BONNE SOURCE
Énergie: 149 Cal	Folacine	Vitamine A
620 kJ	Vitamine C	
Protéines: 6 g		
Glucides: 11 g		
Lipides: 10 g		
Cholestérol: 154 mg		
Fibres alimentaires: 3,5 g (teneur modérée)		

Le chou et ses cousins (chou rouge, frisé, chinois, brocoli, navet, chou-fleur ou de Bruxelles) font partie de la famille Brassica. Des recherches récentes ont indiqué que ces légumes pourraient diminuer le risque de cancer du gros intestin (côlon).

Note:

Ce plat peut aussi bien se servir froid que chaud et s'accompagner d'une sauce yogourtine ou d'une vinaigrette.

Variante:

On peut tapisser le moule de tranches d'oranges déposées sur du papier paraffiné. Au moment du démoulage les oranges apparaissent sur le dessus du fondant.

Pour 8 personnes

POIRES POCHÉES AU VIN ROSÉ

Ingrédients

8	poires Bartlett	
1	citron	
1	bouteille de vin rosé	
1/2 L	de sirop léger	(2 tasses)
1/2	bâton de cannelle	

Sirop léger

150 g	de sucre	(2/3 tasse)
1 L	d'eau	(4 tasses)

Nutritionnellement vôtre

PAR PORTION	EXCELLENTE SOURCE	BONNE SOURCE

Énergie: 198 Cal
        830 kJ
Protéines: 1 g
Glucides: 36 g
Lipides: 1 g
Cholestérol: 0 mg
Fibres alimentaires:
4,6 g (teneur élevée)

Les poires contiennent des fibres alimentaires sous forme "soluble", qui auraient la propriété d'attirer le cholestérol du tube digestif et de réduire son absorption dans le sang.

Préparation

- Éplucher les poires et les frotter au citron pour éviter qu'elles noircissent. Ne pas enlever le coeur.
- Dans une casserole, faire chauffer le vin et le faire flamber. Ajouter la cannelle et le sirop léger qui se réalise comme suit.
- Faire cuire ensemble le sucre et l'eau. Porter à ébullition, pour obtenir un sirop léger.
- Faire pocher les poires dans le sirop environ 20 min. Les laisser refroidir dans le bouillon et placer au réfrigérateur.
- Servir les poires en saladier avec le jus de cuisson.
- Présenter également, si désiré, chaque poire coupée en deux, puis en tranches, mais sans couper jusqu'au coeur. À côté de la poire, présenter une chenille faite de grains de bleuets regroupés.

Truc:

Toujours dissoudre la gélatine dans de l'eau tiède.

Note:

On peut ajouter 4 feuilles de gélatine par litre de liquide pour obtenir un jus de cuisson plus épais.

Technique:

Pocher: Cuire un plat dans un liquide que l'on porte à ébullition à peine visible.

MENU EXPRESS

Rosace de jambon cru au melon et à la mangue

Duo de chevreuil et de boeuf au cumin

Banana Colada

Pour 4 personnes
Préparation: 10 min

ROSACE DE JAMBON CRU AU MELON ET À LA MANGUE

Ingrédients

12	tranches de jambon cru coupé très finement	
1	melon	
1/2	salade frisée OU	
1/2	laitue	
1	mangue mûre OU	
4	figues fraîches	
30 ml	d'huile	(2 c. à soupe)
10 ml	de vinaigre de vin rouge	(2 c. à thé)
	sel et poivre, au goût	

Nutritionnellement vôtre

PAR PORTION	EXCELLENTE SOURCE	BONNE SOURCE
Énergie: 257 Cal 1080 kJ	Vitamine A Thiamine	Vitamine E
Protéines: 18 g	Vitamine B6	
Glucides: 22 g	Folacine	
Lipides: 11 g	Vitamine C	
Cholestérol: 40 mg		
Fibres alimentaires: 3,4 g (teneur modérée)		

La teneur très élevée en vitamines A, B et C de ce plat provient du melon et de la mangue. Fruit exotique filandreux, la mangue possède une chair orangée juteuse et très parfumée. On peut la déguster nature comme le melon, coupée en deux et débarrassée de son gros noyau plat.

Préparation

- Recouper les tranches de jambon en deux dans le sens de la longueur.
- Laver la salade et la friser (voir truc). Saler et poivrer légèrement et ajouter l'huile et le vinaigre. Répartir au milieu de chaque assiette. Retirer la queue des figues et les essuyer. Découper chaque figue en 4 quartiers. Ou, découper la mangue en 20 quartiers fins.
- Ouvrir le melon en deux. Retirer les pépins et découper le melon en 16 tranches fines et retirer la peau.
- Faire alterner 1 tranche de jambon, 1 tranche de melon, ou 1 quartier de figue et ainsi de suite jusqu'à épuisement des ingrédients, dans chaque assiette, de façon à reconstituer une rosace.
- Réfrigérer jusqu'au moment de servir.
- Décorer au goût ou de feuilles de capucines comestibles. Faites également un décor de bateau avec la mangue.

Truc:

Pour donner à la salade une impression de friser, plier les feuilles en plusieurs sections et découper finement à l'aide d'un petit couteau.

Note:

Attention de ne consommer que des fleurs comestibles vendues comme telles et dépourvues de pesticides ou autres produits toxiques.

Pour 4 personnes
Préparation: 15 min

DUO DE CHEVREUIL ET DE BOEUF AU CUMIN

Ingrédients

350 g	de filet de chevreuil	(12 oz)
350 g	de filet de boeuf	(12 oz)
1/2	courgette épluchée et coupée en dés	
1	échalote hachée	
3 g	de poivre noir en grains	(1 c. à thé)
150 ml	de vin rouge	(2/3 tasse)
100 ml	de fond de veau (votre recette, facultatif)	(1/3 tasse)
50 ml	de crème 35%	(10 c. à thé)
30 ml	d'huile	(2 c. à soupe)
30 g	de beurre doux	(3 c. à soupe)
50 g	de pleurotes	(2/3 tasse)
5 g	de graines de cumin	(2 c. à thé)
30 ml	d'huile d'olive	(2 c. à soupe)
	sel et poivre, au goût	

Nutritionnellement vôtre

PAR PORTION	EXCELLENTE SOURCE	BONNE SOURCE
Énergie: 339 Cal 1420 kJ	Riboflavine Niacine	Vitamine B6
Protéines: 38 g	Fer	
Glucides: 4 g		
Lipides: 16 g		
Cholestérol: 105 mg		
Fibres alimentaires: 1 g		

Le gibier, comme le chevreuil, est très maigre et renferme 2 à 8 fois moins de matières grasses que le porc, l'agneau, le boeuf et le veau. Comme la viande de gibier a une teneur très élevée en protéines, les personnes souffrant de troubles arthritiques comme la goutte, de maladies du foie ou des reins devraient l'éviter. Comme n'importe quel gibier, la viande de chevreuil doit toujours être marinée avant d'être consommée.

Préparation

- Détailler les filets de chevreuil et de boeuf en 8 médaillons et les aplatir. Assaisonner de sel et de poivre.
- Dans une poêle, faire chauffer l'huile et le beurre.

Y faire revenir vivement le chevreuil et le boeuf 1 à 2 min de chaque côté. Laisser reposer dans un plat de service.

Préparation (Suite)

- Retirer le gras de la poêle. Ajouter l'échalote et déglacer au vin rouge. Ajouter les graines de cumin et le poivre légèrement concassés. Cuire 2 min, ajouter la crème et le fond de veau et laisser réduire de moitié.
- Dans une autre poêle, faire sauter les pleurotes et la courgette nettoyés dans de l'huile d'olive, 2 à 3 min.
- Dresser 1 médaillon de chaque viande dans les assiettes. Répartir la sauce autour et disposer les légumes sur le dessus.

Grâce au déglaçage d'une poêle, on détache tous les sucs qui ont attaché au fond.

On fait sauter des pleurotes dans de l'huile très chaude.

La viande, une fois revenue, est bien grillée.

Garnitures suggérées:	Technique:
Pommes de terre sautées au persil ou bâtonnets de navets.	Déglacer: En fin de cuisson dissoudre les sucs d'une viande à l'aide d'un liquide.

Pour 4 personnes
Préparation: 10 min

BANANA COLADA

Ingrédients

3	bananes	
30 ml	de rhum brun	(2 c. à soupe)
1	citron	
30 g	de sucre	(2 c. à soupe)
1/2	boîte de 10 oz de pina colada (284 ml)	
20 g	de noix de coco râpée	(1/4 tasse)
4	tranches d'ananas, frais ou en conserve	

Nutritionnellement vôtre

PAR PORTION	EXCELLENTE SOURCE	BONNE SOURCE
Énergie: 288 Cal 1200 kJ	Vitamine B6	Magnésium
Protéines: 2 g		
Glucides: 49 g		
Lipides: 7 g		
Cholestérol: 0 mg		
Fibres alimentaires: 3,1 g (teneur modérée)		

L'ananas est riche en fibres et renferme une enzyme qui facilite la digestion des protéines. Le fruit est prêt à être consommé lorsque les feuilles vertes de son panache se détachent facilement (Méfiez-vous cependant de ce truc, car plus d'une personne a peut-être fait ce geste avant vous avant d'acheter un ananas au supermarché.).

Préparation

- Éplucher les bananes et les frotter au citron pour éviter qu'elles noircissent. Les couper en rondelles. Ajouter le sucre et le rhum brun. Verser 1/2 boîte de pina colada.
- Bien mélanger et laisser reposer au frais.
- Dresser dans des coupes ou un saladier. Faire griller la noix de coco râpée au four, dans une poêle téfal en enrobant le manche de bakélite pour éviter qu'il brûle et en soupoudrer le dessert. Ajouter les tranches d'ananas et décorer de bâtons de vanille, si désiré.

Truc:

Tous les fruits farineux noircissent au contact de l'oxygène. C'est pourquoi, dès que vous les coupez, il faut les frotter au citron, lequel grâce à son acidité empêche les fruits de noircir.

Note:

La poêle tefal doit toujours être très chaude au moment de son utilisation pour que les ingrédients que l'on y cuit soient bien saisis au lieu de bouillir.

MENU SOLO

Phyllo de crabe "martiniquaise"

Tomates farcies
"façon grand-maman"

Fromage blanc aux herbes
et au poivre

PHYLLO DE CRABE "MARTINIQUAISE"

Ingrédients

2	feuilles de pâte phyllo	
50 g	de crabe émietté	(2 oz)
3	échalotes hachées	
1	tranche de pain blanc (pain à sandwich)	
1	gousse d'ail haché débarrassé de son germe	
3	grains de piment séché (piment oiseau) OU à défaut,	
5	gouttes de Tabasco	
1	échalote verte hachée	
30 ml	d'huile de sésame	(2 c. à soupe)
50 ml	de lait	(10 c. à thé)
30 ml	de beurre fondu	(2 c. à soupe)
	sel et poivre, au goût	

Nutritionnellement vôtre

PAR PORTION	EXCELLENTE SOURCE	BONNE SOURCE
Énergie: 595 Cal 2490 kJ	Vitamine A Vitamine E	Vitamine B6 Calcium
Protéines: 15 g	Zinc	Magnésium
Glucides: 18 g		
Lipides: 53 g		
Cholestérol: 111 mg		
Fibres alimentaires: 0,9 g		

Le crabe est un crustacé qui renferme très peu de matières grasses (environ 2%). La teneur élevée en lipides de cette recette provient plutôt du beurre et de l'huile. Dans la cuisine martiniquaise, l'huile (de palme, de coco et de coprah) est beaucoup utilisée. Pour faciliter la digestion, les plats sont généralement bien relevés avec des épices.

Préparation

- Faire chauffer l'huile et ajouter les échalotes hachées. Faire revenir 1 min et ajouter le crabe émietté (débarrassé des cartilages). Retirer la croûte du pain et mettre le pain à macérer dans le lait 2 min. L'ajouter au crabe et faire cuire de nouveau 2 min. Ajouter l'ail haché, les piments et l'échalote verte. Saler et poivrer. Cuire de nouveau 2 min et laisser refroidir.
- Étaler les deux feuilles de pâte phyllo et bien les beurrer du beurre fondu.
- Mettre la farce froide au milieu et fermer en forme de bourse. Le beurre doit suffire à coller le haut de la bourse, sinon, utiliser une ficelle que vous pourrez retirer après la cuisson.
- Préchauffer le four à 300° F (150° C), y placer la bourse sur une plaque allant au four et faire cuire 6 à 7 min. Disposer sur une assiette. Ce plat ne nécessite aucune sauce.
- Pour la décoration, prendre 1/2 avocat et faire une incision en son centre. Réaliser un palmier avec des morceaux de concombre assemblés les uns aux autres et maintenus par un cure-dents. Les noix de coco qui sont dans le palmier sont des pignons (graines de la pomme de pin). Déposer sur la pâte phyllo des feuilles de mélisse.

Truc:

Il faut toujours garder la pâte phyllo humide et pour ce faire, l'envelopper dans un linge humide. On trouve la pâte phyllo au rayon des produits laitiers ou surgelés des supermarchés. Cette pâte est très utilisée dans la cuisine grecque pour préparer des baklavas ou autres desserts, et dans les cuisines des pays d'Europe centrale et orientale, et surtout dans les pâtisseries d'origine turque.

MENU SOLO

Pour 1 personne

Ingrédients

(Cette recette est multipliée par 4, car les 3 autres portions peuvent être congelées.)

4	belles tomates mûres OU	
8	petites tomates	
1	gousse d'ail haché sans son germe	
2	échalotes sèches hachées	
50 g	jambon cuit haché	(1/4 tasse)
30 g	de mie de pain haché	(1 oz)
1	branche de persil haché	
50 g	de veau maigre cuit haché	(2 oz)
50 g	de poulet cuit haché	(2 oz)
50 ml	de crème 35%	(10 c. à thé)
30 ml	d'huile d'olive	(2 c. à soupe)
1	oeuf	
	épices, au goût	
	sel et poivre, au goût	
	beurre, pour beurrer une plaque	

Préparation

- Découper un chapeau sur le dessus des tomates et les évider au-dessus d'un saladier. Conserver la pulpe de la tomate et la hacher. Mélanger tous les ingrédients hachés et les ajouter à la pulpe de tomate.
- Faire chauffer l'huile d'olive et y faire revenir les ingrédients 2 min. Ajouter la crème et prolonger la cuisson de 3 à 4 min.
- Hors du feu, ajouter 1 oeuf et remuer. Assaisonner de sel et de poivre et d'un peu d'épices.
- Saler légèrement l'intérieur de chaque tomate et garnir de la farce.
- Beurrer une plaque allant au four et y disposer les tomates. Faire cuire à 300° F (150° C) 20 à 25 min. Servir aussitôt.
- Décorer de basilic.

Nutritionnellement vôtre

PAR PORTION	EXCELLENTE SOURCE	BONNE SOURCE
Énergie: 224 Cal		Vitamine A
940 kJ		Thiamine
Protéines: 13 g		Riboflavine
Glucides: 10 g		Niacine
Lipides: 15 g		Vitamine B6
Cholestérol: 102 mg		Vitamine C
Fibres alimentaires:		Vitamine E
2,4 g (teneur modérée)		Zinc

Tout comme le céleri, le concombre et les autres légumes qui contiennent beaucoup d'eau (plus de 90%), la tomate ne se congèle pas facilement car elle perd de sa consistance. Si on veut la congeler, le faire une fois qu'elle est cuite, car elle a déjà rendu une grande partie de son eau lors de sa cuisson.

Note:

La farce se congèle très facilement. Si vous êtes seul(e) à table, vous pouvez congeler les 2/3 de la recette de farce, et suivre les instructions uniquement pour 1 tomate à farcir. Chaque fois que vous aurez envie de déguster une tomate farcie, sortez une portion du congélateur, la laisser décongeler 24 h au réfrigérateur (ou décongeler au micro-ondes) et opérer selon les instructions de préparation et de cuisson. Ce plat peut être une entrée ou un plat principal. Il peut être réchauffé, sur feu très doux, si désiré.

FROMAGE BLANC AUX HERBES ET AU POIVRE

Ingrédients

(Cette recette peut se multiplier facilement.)

100 g	de fromage, type cottage	(1/3 tasse)
3 g	de poivre noir concassé	(1 c. à thé)
5 ml	d'herbes fraîches mélangées	(1 c. à thé)
5 ml	de kirsch	(1 c. à thé)
1	jaune d'oeuf	
2,5 ml	de moutarde forte, type Dijon	(1/2 c. à thé)
5 ml	d'huile d'olive extra-vierge	(1 c. à thé)
3	croûtons de pain grillé sel, au goût	

Nutritionnellement vôtre

PAR PORTION	EXCELLENTE SOURCE	BONNE SOURCE
Énergie: 284 Cal 1190 kJ Protéines: 19 g Glucides: 18 g Lipides: 13 g Cholestérol: 216 mg Fibres alimentaires: 0,6 g		Riboflavine Folacine Vitamine E Calcium Fer

Le fromage blanc est un fromage frais. Ce dernier contient plus d'humidité, moins de sel et moins de gras que les fromages dits fins. Essayez de mettre à vos menus quotidiens des fromages qui renferment moins de 25% de matières grasses: brie, ricotta, camembert et les fromages semi-écrémés ou écrémés de type Envol (4%) ou le nouveau camembert à 6% de matières grasses de chez Damafro.

Préparation

- Bien mélanger le jaune d'oeuf et la moutarde. Ajouter l'huile d'olive, puis le poivre et le kirsch. Mélanger avec le fromage, type cottage, les herbes et assaisonner légèrement de sel.
- Servir dans 1 assiette avec les herbes fraîches réparties sur le fromage et les croûtons de pain grillé placés autour ou à côté.
- Décorer de feuilles de radicchio et de pignons (graines de la pomme de pin).

Note:

Les herbes fraîches peuvent être: ciboulette, échalote verte, estragon, romarin, basilic, persil.

Technique:

Concasser: Hacher grossièrement.

MENU ALLÉGÉ

Salade de saumon à l'huile d'olive

Piccata de boeuf "Motardi"

Salade de pêches au schnaps à la pêche

MENU ALLÉGÉ

Pour 4 personnes

SALADE DE SAUMON À L'HUILE D'OLIVE

Ingrédients

2	escalopes de saumon de 100 g (3 oz) chacune	
50 ml	d'huile d'olive extra-vierge	(10 c. à thé)
1	citron vert	
4	endives	
2,5 ml	d'aneth haché	(1/2 c. à thé)
50 ml	d'huile fine (noix, noisette)	(10 c. à thé)
15 ml	de vinaigre de vin	(1 c. à soupe)
	sel et poivre, au goût	
1	botte de cresson	

Nutritionnellement vôtre

PAR PORTION	EXCELLENTE SOURCE	BONNE SOURCE
Énergie: 208 Cal 870 kJ		Folacine Vitamine E
Protéines: 11 g		
Glucides: 1 g		
Lipides: 18 g		
Cholestérol: 31 mg		
Fibres alimentaires: 0 g		

Le saumon contient un type de gras bénéfique pour la santé du coeur et très facile à digérer. Si on achète du saumon en conserve, il est bon de manger les petites arêtes ramollies car elles fournissent du calcium nécessaire à la formation des os.

Préparation

- Découper les tranches de saumon en lanières d'1/2 po (1 cm) de large. Huiler un papier paraffiné avec l'huile d'olive et assaisonner de sel et poivre. Poser les escalopes de saumon et assaisonner de nouveau le dessus.
- Badigeonner de nouveau à l'huile d'olive et saupoudrer d'aneth haché. Cuire au gril du four, 3 min.
- Pendant ce temps, nettoyer les endives et les assaisonner avec une huile fine et un bon vinaigre de vin.
- Sortir le saumon du four et le badigeonner au jus de citron vert.
- Servir le saumon accompagné de la salade d'endives et de cresson lavé à l'eau vinaigrée.

Note:	Note:
On trouve l'huile de noix et de noisette dans les épiceries fines.	Il faut toujours bien laver le cresson à l'eau vinaigrée avant de l'utiliser.

MENU ALLÉGÉ

Pour 4 personnes

PICCATA DE BOEUF "MOTARDI"

Ingrédients

500 g	de filet de boeuf	(1 lb)
2	échalotes vertes hachées	
1	jaune d'oeuf	
15 ml	d'huile d'olive extra-vierge	(1 c. à soupe)
5 ml	de moutarde forte, type Dijon	(1 c. à thé)
50 g	de gruyère râpé	(7 c. à soupe)
30 ml	d'huile d'arachide	(2 c. à soupe)
1	botte de cresson poivre du moulin, au goût sel, au goût	

Nutritionnellement vôtre

PAR PORTION	EXCELLENTE SOURCE	BONNE SOURCE
Énergie: 322 Cal	Niacine	Riboflavine
1350 kJ		Vitamine E
Protéines: 31 g		Calcium
Glucides: 0 g		Fer
Lipides: 21 g		
Cholestérol: 130 mg		
Fibres alimentaires: 0 g		

Le boeuf est une important source de protéines et de vitamines B. De plus, le fer qu'il contient est mieux assimilé par l'organisme que celui des céréales et des légumes.

Préparation

- Découper le filet de boeuf en 16 tranches, puis bien les aplatir. Les saler légèrement.
- Battre le jaune d'oeuf et la moutarde à la fourchette. Ajouter l'huile d'olive.

- Badigeonner chaque tranche de boeuf du mélange précédent, puis ajouter les échalotes et le gruyère râpé. Fermer les tranches comme pour faire des sandwiches. Ajouter un peu de poivre du moulin.

Préparation (Suite)

- Dans une poêle en teflon, faire chauffer l'huile d'arachide et y cuire les piccatas 2 min de chaque côté. Égoutter et réserver au chaud.
- Dresser dans les assiettes. Décorer d'un petit bouquet de cresson.

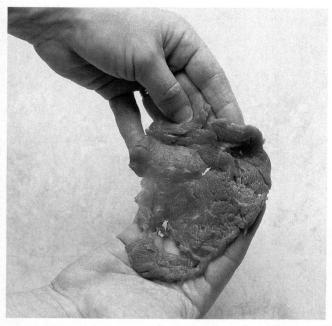

Il faut une viande tranchée très mince pour réaliser une piccata.

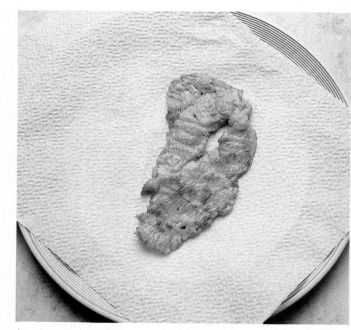

La viande égoutte sur un simple papier absorbant.

Garnitures suggérées:

Purée ou céleri braisé.

Note:

Toujours laver le cresson à l'eau vinaigrée avant de l'utiliser.

86

MENU ALLÉGÉ

Pour 4 personnes

SALADE DE PÊCHES AU SCHNAPS À LA PÊCHE

Ingrédients

4	pêches blanches	
125 ml	de sirop léger	(1/2 tasse)
125 ml	de jus de pomme	(1/2 tasse)
30 ml	de schnaps à la pêche	(2 c. à soupe)
2	citrons verts	
	sucre, pour givrer les verres	

Sirop léger

150 g	de sucre	(2/3 tasse)
1 L	d'eau	(4 tasses)

Nutritionnellement vôtre

PAR PORTION   EXCELLENTE SOURCE   BONNE SOURCE

Énergie: 83 Cal
         350 kJ
Protéines: 1 g
Glucides: 20 g
Lipides: 0 g
Cholestérol: 0 mg
Fibres alimentaires:
1,6 g

Une pêche renferme 88% d'eau et seulement 37 Cal (150 kJ). Il existe deux variété de pêches: la pêche blanche et la pêche jaune. La blanche est de texture fine et est plus parfumée, mais plus fragile. La jaune est plus résistante, mais aussi moins juteuse. Comme la majorité des vitamines sont situées sous la peau, il est préférable de ne pas peler le fruit.

Préparation

- Éplucher les pêches et les couper en quartiers. Mélanger avec le sirop (porté à ébullition et refroidi) et le jus de pomme. Ajouter le schnaps à la pêche.
- Presser un des citrons verts et l'ajouter au mélange précédent. Laisser macérer au moins 5 h.
- Givrer le rebord des verres avec l'autre citron que vous plongez dans du sucre, tout en tournant à plusieurs reprises pour bien humecter.
- Verser le mélange dans les verres.
- Décorer avec des quartiers de citron entaillés et posés sur le rebord des verres.
- Décorer le dessus de la salade avec des petites feuilles ou d'une cerise.

Technique:

Faire macérer: Laisser reposer quelque temps un fruit dans un liquide.

MENU GOURMET

Salade tiède aux pétoncles
et aux figues

Civet de canard aux
canneberges

Gratin de fruits aux amandes

MENU GOURMET

Pour 4 personnes

SALADE TIÈDE AUX PÉTONCLES ET AUX FIGUES

Ingrédients

100 g	de mâche ou autre salade fine	(4 oz)
2	endives	
200 g	de pétoncles frais OU de noix de coquilles St-Jacques	(7 oz)
30 ml	d'huile d'olive extra-vierge	(2 c. à soupe)
2	figues fraîches	
30 ml	d'huile de noix ou de noisette	(2 c. à soupe)
15 ml	de vinaigre de vin vieux	(1 c. à soupe)
	quelques feuilles d'estragon frais	
	poivre du moulin	

Nutritionnellement vôtre

PAR PORTION	EXCELLENTE SOURCE	BONNE SOURCE
Énergie: 156 Cal 650 kJ	Folacine	Magnésium
Protéines: 9 g		
Glucides: 7 g		
Lipides: 11 g		
Cholestérol: 17 mg		
Fibres alimentaires: 1,6 g		

Les pétoncles sont pauvres en gras. Pour qu'ils soient tendres et moelleux, il ne faut pas trop les cuire, sinon ils durcissent et deviennent caoutchouteux et secs.

Préparation

- Dénerver les pétoncles et les escaloper en fines lamelles.
- Disposer les pétoncles sur une plaque métallique allant au four et les badigeonner d'huile d'olive. Poivrer.
- Cuire au four à 350° F (180° C) 3 min environ.
- Mélanger la salade et poivrer de nouveau si nécessaire. Ajouter l'huile de noix, le vinaigre et l'estragon. Disposer la salade dans les assiettes. Réserver.
- Nettoyer les figues et les essuyer. Découper en tranches fines et répartir sur la salade en alternant avec les pétoncles ou les noix de coquilles St-Jacques.
- Saupoudrer de poivre du moulin et servir.

Technique:

Dénerver: Retirer la membrane qui fixe le pétoncle ou le St-Jacques à sa coquille.

Note:

En essuyant les figues, faire très attention de ne pas arracher la peau, car elle est très fragile lorsque le fruit est mûr.

MENU GOURMET

Pour 4 personnes

CIVET DE CANARD AUX CANNEBERGES

Ingrédients

1		canard	
2		carottes, coupées en dés	
1		oignon, coupé en dés	
1		bouteille de vin rouge	
500	ml	de fond de volaille	(2 tasses)
15		grains de poivre noir	
4		clous de girofle	
30	ml	de vinaigre	(2 c. à soupe)
1		bouquet garni	
250	g	de canneberges	(1/2 lb)
50	ml	d'huile d'olive extra-vierge	(3 c. à soupe)
50	g	de bacon, coupés en dés	(3 c. à soupe)
150	g	de champignons blancs	(1 2/3 tasse)
100	g	de petits oignons perles	(2/3 tasse)
150	g	de beurre doux	(2/3 tasse)
100	g	de farine	(2/3 tasse)
		sel et poivre, au goût	

Nutritionnellement vôtre

PAR PORTION	EXCELLENTE SOURCE	BONNE SOURCE
Énergie: 669 Cal	Vitamine A	Folacine
2800 kJ	Thiamine	Vitamine C
Protéines: 36 g	Riboflavine	
Glucides: 21 g	Niacine	
Lipides: 37 g	Vitamine B6	
Cholestérol: 142 mg	Vitamine E	
Fibres alimentaires:	Fer	
5,4 g (teneur élevée)	Magnésium	
	Zinc	

Durant la saison de la chasse, les repas composés de gibier sont à l'honneur. Le canard domestique est plus gras que le canard sauvage, ce dernier se nourrissant lui-même à son rythme.

Préparation

- Découper le canard en 8 morceaux et retirer le maximum de gras. Verser le vin refroidi (voir truc). Ajouter les légumes, le bouquet garni, le vinaigre, les clous de girofle et les grains de poivre. Laisser mariner au moins 24 h, de préférence à la température de la pièce et couvert d'un linge.
- Après le temps de marinage, égoutter le canard et les légumes et les assécher.
- Faire chauffer l'huile d'olive, sans la laisser brûler, et faire revenir le canard des 2 côtés.
- Disposer dans un faitout et ajouter les légumes. Verser la marinade filtrée, assaisonner de sel et ajouter le bouquet garni. Ajouter 500 ml (2 tasses) de fond de volaille et faire cuire à feu moyen 15 min. Écumer. Vérifier l'assaisonnement du bouillon et ajouter la moitié des canneberges. Laisser cuire 50 min à couvert. Pendant ce temps, préparer un beurre manié comme suit. Mélanger 100 g de beurre et 100 g de farine à la fourchette. Filtrer alors le jus de cuisson des légumes et lier légèrement au beurre manié, si nécessaire.
- Faire chauffer 50 g (10 c. à thé) de beurre et y faire sauter les champignons essuyés. Ajouter le bacon et les petits oignons. Faire cuire 2 min. Ajouter le reste des canneberges et faire cuire 2 autres min. Mélanger à la sauce. Ajouter le canard. Réchauffer le tout et servir saupoudré de persil haché ou de ciboulette.

Truc:
Pour éviter de goûter l'acidité du vin, le faire chauffer et flamber à l'apparition de gros bouillons. Il faut le flamber deux fois. La première fois, le vin s'enflamme très légèrement et la deuxième fois, la flamme est plus importante.

Notes:
Le bouquet garni se compose de: 1 branche de thym, 2 queues de persil, 1 feuille de laurier, 2 branches de céleri dont 1 coupée en dés.

La canneberge ou atoca, peut se remplacer par des airelles.

Garnitures suggérées:
Galette de pommes de terre ou nouilles fraîches aux herbes.

Vins suggérés:
Médoc ou St-Émilion.

Pour 4 personnes

GRATIN DE FRUITS AUX AMANDES

Ingrédients

150 g	de raisins sans pépins	(3/4 tasse)
1	kiwi	
1	casseau de fraises	
1	poire mûre	
1/2	citron	
130 g	de sucre	(2/3 tasse)
80 ml	de jus d'orange	(1/3 tasse)
15 ml	de rhum, au goût	(1 c. à soupe)
100 ml	de crème 35%	(1 bon 1/3 tasse)
30 g	d'amandes effilées	(1/3 tasse)
3	jaunes d'oeufs	

Nutritionnellement vôtre

PAR PORTION	EXCELLENTE SOURCE	BONNE SOURCE
Énergie: 329 Cal 1380 kJ	Vitamine C	Folacine Magnésium
Protéines: 3 g		
Glucides: 52 g		
Lipides: 13 g		
Cholestérol: 33 mg		
Fibres alimentaires: 4 g (teneur élevée)		

Une portion de ce dessert suffit pour combler les besoins en vitamine C d'une journée grâce au kiwi, aux fraises et aux jus d'agrumes. Pour préserver le maximum de valeur nutritive, il est préférable de préparer les fruits au dernier moment car la vitamine C est partiellement détruite au contact prolongé de l'air, de l'eau et de la lumière.

Préparation

- Éplucher la poire et le kiwi. Frotter les fruits au citron. Retirer le coeur de la poire et couper le kiwi en tranches. Équeuter les fraises et couper les grains de raisins en deux.
- Mettre les fruits à macérer pendant 1 h dans le jus d'orange.
- Dans un bol en inox, mettre les jaunes d'oeufs, 100 g (7 c. à soupe) de sucre et le jus d'orange restant de la marinade.
- Préparer un bain-marie. Placer le bol en inox au-dessus de l'eau frémissante et fouetter le mélange jusqu'à consistance crémeuse. (Ne pas cuire les jaunes d'oeufs plus de 4 min.) Retirer du feu.
- Fouetter la crème avec 30 g (2 c. à soupe) de sucre jusqu'à consistance. Incorporer au sabayon. Parfumer avec un peu de rhum.
- Disposer les fruits dans des plats à gratin et verser le sabayon. Saupoudrer d'amandes effilées et gratiner au four, au gril 1 1/2 min. Servir aussitôt.

Note:

Frotter les fruits au citron pour éviter qu'ils noircissent.

Technique:

Macérer: Laisser reposer quelque temps un fruit dans un liquide.

Vins suggérés:

Sauternes ou Côteaux du Layon.

MENU FOLIE

Bavaroise de saumon fumé
yogourtine

Confit de ris de veau St-Honoré

Brochette de raisins au beurre
de pommes

MENU FOLIE

Pour 4 personnes

BAVAROISE DE SAUMON FUMÉ YOGOURTINE

Ingrédients

250	**ml**	de lait	(1 tasse)
50	**g**	de saumon fumé +	(2 oz)
2		tranches de saumon fumé coupées en deux	
5		jaunes d'oeufs	
100	**ml**	de crème 35%	(un bon 1/3 tasse)
4		feuilles de gélatine OU	
7	**g**	(15 ml = 1 sachet) de gélatine en poudre sel et poivre, au goût	

Sauce yogourtine

300	**g**	de yogourt nature brassé	(1 1/4 tasse)
15	**ml**	de jus de citron	(1 c. à soupe)
5	**ml**	d'huile d'olive extra-vierge	(1 c. à thé)
		sel et poivre, au goût	

Préparation

- Faire chauffer le lait additionné de 50 g (2 oz) de saumon fumé. Porter à ébullition, puis prendre un peu de lait et fouetter avec les jaunes d'oeufs. Mélanger de nouveau avec le saumon poché.
- Passer l'ensemble au mélangeur électrique, puis à la passoire.
- Faire fondre la gélatine dans très peu d'eau tiède et l'incorporer au mélange. Laisser tiédir. Saler et poivrer.
- Fouetter la crème (arrêter de fouetter avant qu'elle ne tourne en beurre), l'incorporer au mélange de saumon fumé. Saler et poivrer de nouveau, si nécessaire.
- Décorer le fond de petits moules à crème caramel des tranches de saumon fumé et garnir du mélange. Laisser prendre au réfrigérateur au moins 3 h.
- Pour démouler, passer la pointe d'un couteau le long des parois internes du moule, tout en plaçant les petits moules dans un bain d'eau chaude, le temps de démouler.
- Retourner les petits moules sur des assiettes individuelles, et servir avec la sauce yogourtine qui se prépare comme suit.
- Mélanger le yogourt avec le jus de citron. Ajouter l'huile d'olive. Bien mélanger. Saler et poivrer. Décorer la sauce de petits ronds de coulis de tomate au moment de sa présentation.

Nutritionnellement vôtre

PAR PORTION	Sans sauce	Avec sauce
Énergie:	218 Cal	248 Cal
	910 kJ	1040 kJ
Protéines:	11 g	13 g
Glucides:	4 g	7 g
Lipides:	17 g	18 g
Cholestérol:	302 mg	304 mg
Fibres alimentaires:	0 mg	0 mg

EXCELLENTE SOURCE	BONNE SOURCE
Vitamine A	Riboflavine
	Calcium

Bien rehaussée et assaisonnée, une sauce à base de yogourt est très agréable. Le yogourt nature peut souvent remplacer la crème sûre et la mayonnaise requises pour les trempettes, tout en diminuant les calories et les matières grasses. Il fournit une quantité importante de calcium et est plus facile à digérer que le lait.

Note:

On peut garnir le fond des moules de lanières de saumon fumé avant de garnir le moule de la bavaroise.

Note:

On peut mélanger 5 ml (1 c. à thé) de ciboulette hachée à la sauce yogourtine.

Vins suggérés:

Champagne brut ou meursault-charmes des grandes années (61-69-71-73-76-78).

94

MENU FOLIE

Pour 4 personnes

CONFIT DE RIS DE VEAU ST-HONORÉ

Ingrédients

500 g	de ris de veau frais	(1 lb)
2 L	d'eau	(4 tasses)
50 ml	de vinaigre blanc	(10 c. à thé)
8 g	de gros sel	(1 1/2 c. à thé)
1	feuille de laurier	
	un peu de thym frais	
	poivre noir concassé, au goût	
1 kg	de graisse d'oie ou de canard	(2 lb)
200 ml	de sauce porto, facultatif	(3/4 tasse)

Sauce porto (facultatif)

100 ml	de porto	(1/3 tasse)
2	échalotes sèches hachées	
200 ml	de fond de veau	
	(votre recette)	(3/4 tasse)
75 g	de petits morceaux de beurre doux, très froid	(1/3 tasse)
	sel et poivre, au goût	

Nutritionnellement vôtre

PAR PORTION	Sans sauce	Avec sauce	BONNE SOURCE
Énergie:	455 Cal	572 Cal	Riboflavine
	1900 kJ	2390 kJ	Vitamine C
Protéines:	19 g	20 g	Zinc
Glucides:	6 g	7 g	
Lipides:	40 g	50 g	
Cholestérol:	433 mg	460 mg	
Fibres alimentaires:	0 g	0 g	

Les ris de veau sont des abats formés par une glande appelée thymus, située sur la poitrine des jeunes animaux. Très riches en protéines, en vitamine C et... en cholestérol, les ris sont pauvres en vitamine A et en folacine, contrairement aux autres abats. Leur goût et leur texture délicate sont uniques. Ils doivent être blanchis avant d'être nettoyés.

Préparation

- Faire dégorger les ris de veau à l'eau courante pendant 1 h au moins. (L'eau doit couler sans arrêt, pendant 1 h.)
- Faire bouillir 2 L d'eau, y ajouter le vinaigre et faire blanchir les ris de veau 10 min. Les égoutter et les laisser refroidir. Retirer la graisse et les nerfs qui se trouvent tout autour.

Préparation (Suite)

- Disposer les ris de veau dans 1 saladier et les saler de gros sel. Ajouter un peu de poivre concassé, 1 feuille de laurier et un peu de thym frais. Bien remuer et déposer au froid 24 h. Essuyer alors les ris de veau.
- Faire chauffer la graisse d'oie ou de canard et lorsque la graisse est à ébullition, y plonger les ris de veau. Laisser mijoter tout doucement 1 h 30. Égoutter délicatement les ris. Filtrer la graisse qu'on pourra réserver pour des utilisations ultérieures.
- Au moment de servir, disposer les ris dans 1 papier paraffiné et fermer ce dernier. Réchauffer les ris 10 min à 250° F (120° C).
- Préparer la sauce au porto comme suit. Dans une casserole, mettre les échalotes sèches et faire réduire de moitié. Ajouter le fond de veau et le porto et porter à ébullition.
- Hors du feu, ajouter les petits morceaux de beurre très froid en fouettant pour lier la sauce. Saler et poivrer la sauce et ajouter quelques gouttes de porto à la fin. Servir la sauce autour des ris de veau.

Les ris de veau doivent être dénervés. Ils ont à la surface une grosse poche de graisse qu'il faut enlever, ainsi qu'une peau transparente dont ils doivent être débarrassés. Cette opération se nomme "dénerver".

Bien enfermée, la viande profitera de l'échange de saveurs qui se crée à l'intérieur de la papillote.

On ouvre une papillote en découpant un rectangle sur le dessus.

Le thym frais enchante les mets qu'il accompagne.

Garniture suggérée:	Note:	Technique:
Pommes frites Pont-Neuf.	En cas d'extrême rareté, le confit peut être fait dans du saindoux de porc.	Faire dégorger: faire tremper une viande, un abat ou un poisson dans de l'eau froide pour les débarrasser du sang ou de certaines impuretés.

MENU FOLIE

Pour 4 personnes

BROCHETTE DE RAISINS AU BEURRE DE POMMES

Ingrédients

70 g	de beurre doux	(1/4 tasse)
2	pommes	
80 g	de petits morceaux de beurre doux très froid	(1/3 tasse)
2	grappes de raisins verts, sans pépins	
2	grappes de raisins rouges, sans pépins	
50 ml	de muscat de Beaumes-de-Venise	(3 c. à soupe)
50 g	de sucre	(10 c. à thé)
40 ml	de jus d'orange	
1	citron	

Nutritionnellement vôtre

PAR PORTION	EXCELLENTE SOURCE	BONNE SOURCE
Énergie: 285 Cal 1190 kJ		Vitamine A
Protéines: 1 g		
Glucides: 38 g		
Lipides: 15 g		
Cholestérol: 38 mg		
Fibres alimentaires: 2,3 g (teneur modérée)		

Les fruits frais servis en brochette ont fière allure et terminent bien un repas. On peut, si on le désire, remplacer le beurre de pommes par un coulis de fruits, pour éviter les calories et les matières grasses du beurre.

Préparation

- Éplucher les pommes et les frotter au citron pour éviter qu'elles noircissent. Retirer le coeur de chaque pomme, puis découper les pommes en fines tranches.
- Faire chauffer 40 g (8 c. à thé) de beurre doux et y faire étuver les pommes avec le sucre 4 à 5 min. Passer au mélangeur électrique pour obtenir une purée très fine.
- Faire chauffer le muscat Beaumes-de-Venise et y ajouter les petits morceaux de beurre très froid.
- Enfiler les raisins sur des brochettes de bois en alternant les couleurs. Chauffer le beurre restant dans une poêle en teflon. Ajouter le sucre et chauffer jusqu'à l'obtention d'un caramel clair. Ajouter le jus d'orange et faire cuire les brochettes de raisins 3 à 4 min dans ce jus à feu doux.
- Faire réchauffer doucement la sauce, en servir autour des brochettes.
- Décorer d'un canard réalisé dans une pomme McIntosh.

Note:

Ce plat peut s'accompagner de biscuits ou tuiles aux amandes.

Technique:

Étuver: Faire cuire à feu doux, dans un récipient hermétiquement fermé. On ajoute parfois un corps gras.

Truc:

Les pommes noircissent au contact de l'oxygène, c'est pourquoi il faut les frotter au citron si vous exposez leur chair à l'air.

MENU BUFFET

Salade d'avocat et homards

Panaché de haricots verts et jaunes
au persil

Tourte de poulet et faisan
aux pleurotes

Fromage cottage en saladier,
aux herbes et à l'érable

Petits sablés d'automne
aux zestes confits

Pour 8 personnes

SALADE D'AVOCATS ET HOMARDS

Ingrédients

4		avocats
1		laitue
2		homards
1		citron
50 ml		de moutarde forte, type Dijon (10 c. à thé)
30 ml		de vinaigre de vin rouge (2 c. à soupe)
75 ml		d'huile de tournesol (1/3 tasse)
2		branches d'échalotes vertes hachées
		sel et poivre, au goût

Nutritionnellement vôtre

PAR PORTION	EXCELLENTE SOURCE	BONNE SOURCE

Énergie: 279 Cal
1170 kJ
Protéines: 10 g
Glucides: 9 g
Lipides: 24 g
Cholestérol: 26 mg
Fibres alimentaires:
10,1 g (teneur très élevée)

Bien que cette salade contienne une quantité appréciable de lipides provenant principalement des avocats, ces derniers se présentent sous la forme de gras qui aide à abaisser le niveau de cholestérol sanguin, en plus de fournir des acides gras essentiels que notre corps ne peut fabriquer.

Préparation

- Faire cuire les homards à l'eau très salée 12 min à partir de l'ébullition de l'eau. Faire refroidir sur un plat avant de les découper.
- Récupérer la chair, sans oublier celle des pinces. Retirer l'intestin qui se trouve au milieu du corps.
- Éplucher les avocats et les frotter au citron pour éviter qu'ils noircissent.
- Mélanger la moutarde avec le vinaigre puis, petit à petit, ajouter l'huile de tournesol et les échalotes vertes.
- Découper les avocats en petits dés, ainsi que les homards.
- Laver la laitue et couper grossièrement les feuilles. Mélanger la salade et la vinaigrette avec les homards et les avocats. Assaisonner, si nécessaire.
- Dresser dans des bols de service, en bois ou autres.

Décoration:

Si vous voulez reproduire un homard, opérez comme suit. Disposer sur une grande assiette la salade au milieu. Pour faire le corps du homard, disposer le homard tranché sur la salade. Décorer les antennes avec une asperge coupée en deux.

MENU BUFFET

Pour 8 personnes

PANACHÉ DE HARICOTS VERTS ET JAUNES AU PERSIL

Ingrédients

500 g	de haricots verts (fèves vertes)	(1 lb)
500 g	de haricots jaunes (fèves jaunes)	(1 lb)
1	gousse d'ail débarrassé de son germe	
4	échalotes sèches hachées	
4	branches de persil haché	
30 ml	d'huile d'olive extra-vierge	(2 c. à soupe)
2	carottes épluchées, coupées en très petits dés	
3 L	d'eau	(12 tasses)
	sel et poivre, au goût	

Nutritionnellement vôtre

PAR PORTION	EXCELLENTE SOURCE	BONNE SOURCE
Énergie: 81 Cal 340 kJ	Vitamine A	Folacine Vitamine C
Protéines: 3 g		
Glucides: 12 g		
Lipides: 4 g		
Cholestérol: 0 mg		
Fibres alimentaires: 3,6 g (teneur modérée)		

Le persil est grandement utilisé en cuisine, mais on le laisse souvent de côté dans l'assiette lorsqu'il se présente en décoration. Pourtant, on aurait intérêt à le manger, car il est riche en vitamines A, B, C. Une fois lavé et bien égoutté, le persil frais se conserve au frais dans un contenant hermétique environ une semaine.

Préparation

- Équeuter les haricots en suivant le sens du haricot (dans le sens de la longueur). Les laver.
- Faire bouillir 3 L (12 tasses) d'eau salée et y plonger les haricots 4 min. Les refroidir aussitôt à l'eau froide et les assécher dans un linge.
- Faire chauffer l'huile d'olive et y faire sauter les dés de carottes 2 min. Ajouter les échalotes et les haricots. Saler et poivrer. Faire cuire en remuant 1 à 2 min, puis ajouter le persil et l'ail. Servir aussitôt.

Terme culinaire:

On utilise en cuisine, un terme technique pour désigner les très petits dés: en brunoise.

Décoration:

Une variante aux haricots jaunes. On peut les couper en morceaux également.

Note:

C'est la partie appelée germe qui est indigeste dans l'ail. Il faut l'enlever avant de vous servir des gousses.

TOURTE DE POULET ET FAISAN AUX PLEUROTES

Ingrédients

1	kg	de pâte feuilletée (maison ou du commerce)	(2 lb)
4		poitrines de poulet	
1		faisan OU	
4		poitrines de faisan	
100	g	de jambon cuit maigre coupé en lanières	(1/3 tasse)
3		échalotes sèches hachées	
100	ml	de porto de cuisine	(1/3 tasse)
200	g	de pleurotes	(3/4 tasse)
1		gousse d'ail	
30	g	d'amandes effilées OU de pignons de pin	(1/3 tasse)
50	ml	de crème 35%	(3 c. à soupe)
50	ml	d'huile de tournesol	(3 c. à soupe)
500	ml	de fond de gibier ou de volaille (votre recette)	(2 tasses)
		sel et poivre, au goût	
1		dorure à l'oeuf (2 jaunes d'oeufs + 20 ml de lait	(4 c. à thé)
1		pincée de sel	
1		plat à quiche de 8 po (20 cm) de diamètre	

Préparation

- Désosser le faisan et récupérer la chair (garder les os). Découper la chair en lanières de 2 cm (1 po env.) de long x 1 cm (1/2 po env.) de large. Faire la même chose avec le poulet. Mettre à mariner au moins 4 h. Pendant ce temps, faire un petit fond de gibier et le réserver.
- Faire chauffer l'huile et y faire revenir les chairs de faisan et de poulet 4 min. Saler et poivrer. Ajouter les pleurotes nettoyés et émincés. Ajouter les échalotes et l'ail débarrassé de son germe, puis le fond de gibier et le porto. Faire cuire à feu doux 20 min. Ajouter le jambon. Reporter à ébullition et assaisonner de nouveau. Ajouter la crème. Laisser refroidir le mélange.
- Dans un plat à quiche, faire une abaisse de pâte feuilletée d' 1/2 cm (1/4 po env.) d'épaisseur. Piquer cette abaisse et dorer à l'oeuf les bords. Ajouter les amandes. Recouvrir du reste de la pâte et faire des décorations sur la pâte. Bien souder les bords de la pâte. Cuire au four à 350° F (180° C) 20 à 25 min.
- Découper en pointes et servir avec une bonne sauce au porto (voir recette en p 21,95), si désiré.

Nutritionnellement vôtre

PAR PORTION	EXCELLENTE SOURCE	BONNE SOURCE
Énergie: 646 Cal 2700 kJ	Thiamine Riboflavine	Fer
Protéines: 65 g	Niacine	
Glucides: 16 g	Vitamine B6	
Lipides: 33 g	Vitamine E	
Cholestérol: 153 mg	Magnésium	
Fibres alimentaires: 1 g	Zinc	

Le faisan est un volatile très maigre qui renferme seulement 3% de matières grasses. Il est riche en protéines (22% environ). Avant l'âge d'un an, le faisan est encore meilleur. On le trouve d'élevage ou sauvage.

Note:

Le faisan peut être remplacé par des cailles (8) ou encore, par de la perdrix.

Technique:

Émincer: Couper en tranches minces.

Vin suggéré:

Un bon bourgogne rouge.

Pour 8 personnes

FROMAGE COTTAGE EN SALADIER, AUX HERBES ET À L'ÉRABLE

Ingrédients

500 g	de fromage cottage	(1 lb)
2 g	de poivre noir concassé	(1/2 c. à thé)
5 g	d'échalote verte hachée	(2 c. à thé)
5 g	de persil haché	(1 1/2 c. à soupe)
5 g	de basilic haché	(5 c. à thé)
2	jaunes d'oeufs	
5 ml	de moutarde forte, type Dijon	(1 c. à thé)
30 ml	de sirop d'érable	(2 c. à soupe)

Nutritionnellement vôtre

PAR PORTION	EXCELLENTE SOURCE	BONNE SOURCE
Énergie: 296 Cal	Riboflavine	Folacine
1240 kJ		Vitamine E
Protéines: 41 g		Calcium
Glucides: 14 g		Zinc
Lipides: 7 g		
Cholestérol: 77 mg		
Fibres alimentaires: 0 g		

Le contenu du fromage cottage en matières grasses est faible et varie de 1% (cottage sec) à 4% pour le cottage en crème. Il se marie bien aux herbes ou aux fruits.

Préparation

- Dans un bol, mélanger les jaunes d'oeufs avec la moutarde, puis ajouter le sirop d'érable, le poivre et les herbes. Bien mélanger et ajouter le fromage cottage.
- Servir dans un saladier parsemé de fines herbes.
- Proposer des languettes de pain brun comme accompagnement.

Note:

Le fromage cottage se sert la plupart du temps mélangé à des fines herbes. On ne l'utilise pas vraiment dans les plats cuisinés.

Terme culinaire:

Concassé: Haché grossièrement.

PETITS SABLÉS D'AUTOMNE AUX ZESTES CONFITS

Ingrédients

500 g	de beurre doux	(2 tasses)
400 g	de farine à pâtisserie	(2 1/2 tasses)
250 g	de sucre	(1 1/4 tasse)
2	jaunes d'oeufs	
10 g	de zestes d'orange confits	(2 c. à thé)
10 g	de zestes de citron confits	(2 c. à thé)
10 g	de zestes de pamplemousse confits	(2 c. à thé)
	beurre, pour beurrer une tôle à biscuits	

Sirop léger

150 g	de sucre	(2/3 tasse)
1 L	d'eau	(4 tasses)

Nutritionnellement vôtre

PAR PORTION	EXCELLENTE SOURCE	BONNE SOURCE

Énergie: 192 Cal (2 biscuits)
800 kJ
Protéines: 1 g
Glucides: 18 g
Lipides: 13 g
Cholestérol: 47 mg
Fibres alimentaires:
0,4 g

Les agrumes (clémentine, mandarine, orange, citron pamplemousse) ont tous en commun une forte teneur er vitamine C comprise entre 30 et 100 mg pour 100 g, et une faible teneur en glucides comprise entre 6 et 12%. Mangez un agrume par jour l'hiver pour combler vos besoins en vitamine C!

Préparation

- Découper la peau des agrumes et les débarrasser de l'enveloppe blanche. Détailler les zestes en tout petits dés.
- Faire confire dans un sirop léger (Mélanger et porter à ébullition 150 g (2/3 tasse) de sucre et 1 L (4 tasses) d'eau.) 30 min environ. Égoutter et bien essuyer les zestes. Réserver.
- Mélanger du bout des doigts la farine, le sucre et les 500 g (2 tasses) de beurre. Uniformiser la pâte. Ajouter les zestes et laisser reposer 1 à 2 h au réfrigérateur.
- Beurrer légèrement une tôle à biscuits. Étaler la pâte en une couche d'1 cm (1/2 po) d'épaisseur et découper à l'aide d'un emporte-pièce de 3 cm (1/4 po) de diamètre, de petits sablés.
- Cuire au four à 350° F (180° C) 10 à 15 min.
- Pour la présentation finale, nous avons fait un mélange de biscuits blancs (selon la recette) et ajouté à la pâte un peu de cacao pour faire une variante et obtenir des biscuits bruns.

Truc:

Si vous n'avez pas d'emporte-pièce, servez-vous de l'ouverture de petits verres à liqueur qui vous servira à découper la pâte.

Note:

Conservez vos biscuits dans 1 boîte hermétique, ou congelez-les, si désiré.

Note:

Les zestes d'agrumes sont toujours blanchis à l'eau bouillante légèrement salée avant d'être confits.

MENU EXPRESS

Poêlée de champignons
aux légumes

Scalopine de veau
"Pommes de miel"

Salade de raisins au Pineau

MENU EXPRESS

POÊLÉE DE CHAMPIGNONS AUX LÉGUMES

Ingrédients

400 g	de champignons frais	(1 lb)
100 g	de carottes coupées en brunoise	(3/4 tasse)
100 g	de courgettes coupées en brunoise	(3/4 tasse)
100 g	de tomates coupées en brunoise	(1/2 tasse)
45 ml	d'huile d'olive extra-vierge	(3 c. à soupe)
	herbes fraîches hachées, au goût	
	sel et poivre, au goût	

Nutritionnellement vôtre

PAR PORTION	EXCELLENTE SOURCE	BONNE SOURCE
Énergie: 134 Cal	Vitamine A	Niacine
560 kJ	Riboflavine	Folacine
Protéines: 3 g		Vitamine E
Glucides: 9 g		
Lipides: 11 g		
Cholestérol: 0 mg		
Fibres alimentaires: 3,2 g (teneur modérée)		

Pour conserver le maximum de la valeur nutritive des légumes, on doit les cuire rapidement dans très peu d'eau et juste assez longtemps pour qu'ils gardent leur belle couleur et qu'ils soient fermes sous la dent. La cuisson au micro-ondes leur convient très bien.

Préparation

- Essuyer les champignons avec un linge humide et les découper en quartiers.
- Dans une poêle, faire chauffer l'huile sans faire fumer.
- Faire sauter la brunoise de carottes et de courgettes 2 min.
- Ajouter les champignons, puis la brunoise de tomates.
- Assaisonner de sel et de poivre et parsemer de fines herbes avant de servir. Décorer de basilic rouge et vert, si désiré.

Truc:

Les champignons peuvent être consommés froids sur une tranche de pain grillé. Éviter de congeler ce plat.

Note:

Herbes fraîches: ciboulette, persil, estragon, sauge, basilic.

Technique:

Brunoise: terme culinaire désignant de petits dés de légumes.

Pour 4 personnes
Préparation: 15 min

SCALOPINE DE VEAU "POMMES DE MIEL"

Ingrédients

12	scalopines de veau de 50 g chacune	(2 oz)
30 g	de beurre doux	(2 c. à soupe)
30 ml	d'huile	(2 c. à soupe)
2	pommes	
2	échalotes sèches hachées	
30 ml	de porto	(2 c. à soupe)
30 ml	de miel	(2 c. à soupe)
50 ml	de fond de veau (votre recette) OU	(3 c. à soupe)
50 ml	de bouillon de poulet sel et poivre, au goût	(10 c. à thé)

Nutritionnellement vôtre

PAR PORTION	EXCELLENTE SOURCE	BONNE SOURCE
Énergie: 300 Cal 1260 kJ	Niacine Vitamine E	Riboflavine Vitamine B6
Protéines: 26 g	Zinc	
Glucides: 19 g		
Lipides: 12 g		
Cholestérol: 143 mg		
Fibres alimentaires: 1,4 g		

Pour lier la sauce, l'utilisation de fruits ou d'une purée de légumes donne un bon résultat et est très intéressante sur le plan nutritif. Elle permet de réduire considérablement le gras et les calories, en plus d'ajouter des vitamines, des minéraux et des fibres alimentaires.

Préparation

- Bien aplatir les scalopines de veau et les assaisonner légèrement de sel et de poivre.
- Dans une poêle, faire chauffer le beurre et l'huile et faire revenir rapidement les scalopines 1 min de chaque côté.

- Retirer le gras. Ajouter les échalotes, le porto et le fond de veau. Cuire 2 min.
- Éplucher les pommes, les épépiner, puis les découper en lamelles très fines ou en julienne.

Préparation (Suite)

- Retirer le veau de la poêle et garder au chaud. Ajouter les pommes à la sauce qui va servir d'élément de liaison. Cuire 1 min, puis ajouter délicatement le miel à la sauce. Vérifier l'assaisonnement.
- Disposer les scalopines en forme de trèfle et verser la sauce autour. Décorer de roses faites de tranches de pomme très minces, passées au four 2 min.

Épépiner une pomme consiste à enlever les pépins et les autres parties non comestibles.

Une pomme coupée en julienne a été arrosée de jus de citron pour ne pas qu'elle noircisse.

La viande de veau a été aplatie avec un couperet.

Truc:	*Garniture suggérée:*	*Technique:*
Afin de permettre un degré de chauffe plus élevé, on partage le beurre et l'huile. Toutefois, il faut savoir qu'à 250° F (117° C), la dissociation des corps gras s'effectue et qu'elle est néfaste pour la santé.	Épinards frais.	Julienne: Bâtonnets de 3 à 5 cm de longueur et de 3 mm d'épaisseur.

Pour 4 personnes
Préparation: 10 min

SALADE DE RAISINS AU PINEAU

Ingrédients

100 g	de raisins verts sans pépins	(1 tasse)
100 g	de raisins rouges sans pépins	(1 tasse)
30 g	de raisins secs dorés	(3 c. à soupe)
15 ml	de jus de citron	(1 c. à soupe)
200 ml	de Pineau des Charentes (S.A.Q.)	(3/4 tasse)
15 ml	de sucre	(1 c. à soupe)

Décoration

4	feuilles de menthe fraîche ou quelques raisins
4	dattes séchées
4	cure-dents

Nutritionnellement vôtre

PAR PORTION   EXCELLENTE SOURCE   BONNE SOURCE

Énergie: 166 Cal
690 kJ
Protéines: 1 g
Glucides: 30 g
Lipides: 0 g
Cholestérol: 0 mg
Fibres alimentaires:
2 g (teneur modérée)

Ce dessert bénéficie du sucre naturel des fruits frais et séchés (raisins, dattes). Les raisins ne figurent pas parmi les fruits les plus nutritifs, mais ils ont l'avantage de renfermer très peu de calories (10 raisins = 15 Cal ou 60 kJ).

Préparation

- Laver et essuyer les raisins.
- Faire gonfler les raisins secs 10 min dans l'eau bouillante, puis égoutter.
- Mélanger le jus de citron avec le sucre. Ajouter le Pineau des Charentes, puis les raisins frais et les secs. Bien mélanger.
- Laisser macérer environ 2 h au réfrigérateur.
- Servir dans des verres ballons. Décorer avec une datte piquée d'une feuille de menthe entourée de raisins verts et rouges reconstitués en forme de gland.

Truc:

Si vous avez le temps, l'idéal serait de retirer la peau des grains de raisins pour ajouter de la finesse au plat.

Truc:

15 ml (1 c. à soupe) de jus de citron représente la valeur d'1/2 citron pressé.

Note:

Le Pineau des Charentes est un vin de liqueur produit dans la région de Cognac en France. Ce vin se boit généralement en apéritif.

MENU SOLO

Croûte de champignons
aux herbes et fromage

Lotte pochée au gingembre

Pommes et poires au caramel
d'orange

CROÛTE DE CHAMPIGNONS AUX HERBES ET FROMAGE

Ingrédients

(Cette recette se multiplie facilement.)

1	tranche de pain	
30 g	de beurre doux	(2 c. à soupe)
150 g	de champignons	(5 oz)
1/2	gousse d'ail débarrassé de son germe	
1/2	tomate coupée en dés	
150 ml	de cidre sec	(2/3 tasse)
75 ml	de crème 35%	(1/3 tasse)
2	échalotes sèches hachées	
2,5 ml	de moutarde forte, type Dijon	(1/2 c. à thé)
5 ml	de fines herbes	(1 c. à thé)
5 ml	de fromage râpé	(1 c. à thé)

Nutritionnellement vôtre

PAR PORTION	EXCELLENTE SOURCE	BONNE SOURCE
Énergie: 534 Cal 2230 kJ	Vitamine A Riboflavine	Thiamine Vitamine B6
Protéines: 8 g	Niacine	Folacine
Glucides: 30 g		Fer
Lipides: 40 g		Zinc
Cholestérol: 117 mg		
Fibres alimentaires: 4,2 g (teneur élevée)		

Saviez-vous qu'une tasse de champignons ne renferme que 19 Cal (80 kJ)? Il est préférable d'acheter les champignons frais plutôt qu'en conserve car leur valeur nutritive est légèrement supérieure et la différence de goût et de consistance est indéniable.

Préparation

- Faire griller la tranche de pain au four, ou au grille-pain. Nettoyer les champignons et les laver si ce sont des morilles ou des gyromites uniquement, autrement, les essuyer.
- Faire fondre le beurre, ajouter les échalotes et la tomate en dés, et les champignons émincés. Verser le cidre sec. Faire réduire de moitié, puis ajouter l'ail haché et la crème.
- Réduire de nouveau de moitié jusqu'à consistance assez épaisse. Ajouter la moutarde.
- Poser le pain grillé dans une assiette de service et napper abondamment du mélange contenant les champignons. Saupoudrer de fines herbes et de fromage râpé et faire gratiner au gril 1 1/2 min environ.

Note:

On peut utiliser les champignons suivants: champignons de Paris (blancs), cèpes, bolets, morilles, gyromites ou chanterelles. À vous de choisir!

Technique:

Napper: Recouvrir une assiette ou un mets d'une couche de sauce épaisse ou de crème.

MENU SOLO

Pour 1 personne

LOTTE POCHÉE AU GINGEMBRE

Ingrédients

(Cette recette se multiplie facilement.)

1	petite lotte OU tout poisson blanc (turbot, flétan, aiglefin)	
250 ml	de vin blanc sec	(1 tasse)
250 ml	d'eau	(1 tasse)
2	échalotes sèches hachées	
1	branche de persil frais	
1	petite pousse de gingembre OU	
5 ml	de gingembre moulu	(1 c. à thé)
50 ml	de crème 35%	(10 c. à thé)
8	grains de poivre noir sel et poivre, au goût	

Nutritionnellement vôtre

PAR PORTION	EXCELLENTE SOURCE	BONNE SOURCE
Énergie: 324 Cal 1360 kJ	Vitamine A Niacine	Folacine Fer
Protéines: 30 g	Vitamine B6	
Glucides: 6 g	Magnésium	
Lipides: 19 g		
Cholestérol: 153 mg		
Fibres alimentaires: 0 g		

Le poisson était synonyme de pénitence liée au vendredi sans viande et au carême! Pourtant, c'est une excellente source de protéines, au même titre que la viande. La lotte est un poisson maigre, dont la chair blanche ferme demeure consistante après sa cuisson.

Préparation

- Préparer un court-bouillon avec le vin blanc, les échalotes, le persil, et ajouter 250 ml (1 tasse) d'eau. Ajouter le poivre en grains et assaisonner légèrement.
- Éplucher le gingembre et le râper finement.
- Ajouter à la cuisson la moitié du gingembre.
- Faire pocher le poisson à feu moyen 20 min.
- Faire chauffer la crème avec le reste du gingembre et ajouter 50 ml (10 c. à thé) de jus de cuisson. Faire réduire 2 à 3 min. Saler et poivrer.
- Disposer la lotte découpée en morceaux et napper de la sauce. Décorer de quelques grains de poivre noir.

Garnitures suggérées:

Pommes de terre vapeur ou épinards au beurre.

Note:

Faire préparer la lotte par votre poissonnier. Vérifier que la membrane fibreuse dont le poisson est recouvert, soit complètement enlevée.

Technique:

Faire pocher: Cuire un plat dans un liquide que l'on porte à ébullition à peine visible.

MENU SOLO

Pour 1 personne

POMMES ET POIRES AU CARAMEL D'ORANGE

Ingrédients

1/2	poire Bartlett	
1/2	pomme Golden	
60 g	de sucre	(1/4 tasse)
20 ml	d'eau	(4 c. à thé)
75 ml	de crème 35%	(1/3 tasse)
30 ml	de jus d'orange	(2 c. à soupe)
1/2	citron	

Sirop léger

150 g	de sucre	(2/3 tasse)
1 L	d'eau	(4 tasses)

Nutritionnellement vôtre

PAR PORTION	EXCELLENTE SOURCE	BONNE SOURCE
Énergie: 584 Cal 2440 kJ	Vitamine A	Vitamine C
Protéines: 2 g		
Glucides: 89 g		
Lipides: 27 g		
Cholestérol: 98 mg		
Fibres alimentaires: 4,1 g (teneur élevée)		

Les fruits comme les pommes et les poires renferment des fibres dites "solubles", qui auraient la propriété de fixer le cholestérol présent dans le système digestif et de l'entraîner avec elles au moment de l'élimination. Le populaire son d'avoine et les légumineuses sont aussi des sources de fibres solubles.

Préparation

- Éplucher la pomme et la poire. Les couper en deux et n'utiliser qu'une moitié de chaque fruit. Les frotter avec le demi-citron.
- Cuire les fruits dans un sirop léger composé de 2/3 tasse de sucre et de 4 tasses d'eau, 20 min. Laisser refroidir à l'intérieur du sirop.
- Couper la demi-poire et la demi-pomme en tranches. Répartir dans l'assiette en alternant poire et pomme. Réserver.
- Faire chauffer ensemble 1/4 tasse de sucre et 4 c. à thé d'eau. Lorsque le mélange devient blond, ajouter hors du feu tout en remuant, la crème et le jus d'orange. Bien mélanger.
- Verser sur les fruits.
- Servir avec des petits biscuits secs.

Note:

Le sirop léger peut se conserver au réfrigérateur. Au moment du service, le faire rebouillir. On peut également utiliser ce sirop pour faire un sorbet de fruits frais.

Truc:

On frotte les fruits de citron pour les empêcher de noircir au contact de l'air.

MENU ALLÉGÉ

Blanquette d'escargots aux pleurotes

Pommes de terre au four "Madeleine"

Poires pochées au riesling, compote de mangues

BLANQUETTE D'ESCARGOTS AUX PLEUROTES

Ingrédients

3	**dz**	d'escargots	
2		échalotes sèches hachées	
50	**ml**	de vermouth blanc	(10 c. à thé)
50	**g**	de crème 35%	(10 c. à thé)
1		tomate	
1/2		gousse d'ail haché, débarrassé de son germe	
200	**g**	de pleurotes	(7 oz)
100	**ml**	de fond de veau OU de bouillon de poulet (votre recette)	(1/3 tasse)
45	**ml**	d'huile d'olive	(3 c. à soupe)
		sel et poivre, au goût	
		ciboulette hachée (facultatif)	

Nutritionnellement vôtre

PAR PORTION	EXCELLENTE SOURCE	BONNE SOURCE
Énergie: 183 Cal 770 kJ		Riboflavine
Protéines: 5 g		Niacine
Glucides: 6 g		Vitamine E
Lipides: 15 g		
Cholestérol: 26 mg		
Fibres alimentaires: 1,4 g		

L'escargot est un mollusque végétarien qui renferme 1% de matières grasses et 16% de protéines. Le meilleur escargot est celui de Bourgogne. Il est charnu. Ne pas confondre cet escargot avec les turcs ou ceux importés de Chine ou de Taïwan appelés achatines, à chair moins délicate.

Préparation

- Égoutter et rincer les escargots et les essuyer avec un linge.
- Dans une poêle en teflon, faire revenir les escargots 2 min. Ajouter les échalotes hachées et verser le vermouth blanc.
- Blanchir la tomate et l'éplucher. La couper en petits morceaux. Nettoyer les pleurotes et les couper en morceaux.
- Dans une poêle, faire chauffer l'huile d'olive et y faire sauter les pleurotes et la tomate coupés en morceaux. Saler et poivrer. Ajouter l'ail haché. Cuire 2 à 3 min. Ajouter les champignons aux escargots, puis verser le fond de veau. Cuire de nouveau 2 à 3 min et ajouter la crème. Reporter à ébullition.
- Saler et poivrer de nouveau, si nécessaire, et servir en ramequins ou dans des assiettes creuses. Décorer avec des croûtons. Parsemer de ciboulette hachée, si désiré, ou encore, décorer de petits dés de tomate.

Technique:

Blanchir: Passer quelques minutes à l'eau bouillante pour attendrir ou enlever l'âcreté.

Technique:

Faire sauter: Faire colorer rapidement des viandes, crustacés ou légumes à feu vif, dans un corps gras en les remuant pour qu'ils n'attachent pas.

Technique:

Faire revenir: Mettre une viande ou des légumes dans un corps gras et faire chauffer à feu vif jusqu'à légère coloration.

MENU ALLÉGÉ

Pour 4 pommes de terre
Idaho

POMMES DE TERRE AU FOUR
"MADELEINE"

Ingrédients

50 g	de poulet cuit coupé en dés	(2 oz)
50 g	de jambon maigre cuit,	
	coupé en dés	(2 oz)
1	oeuf cuit dur haché	
1	branche de persil haché	
30 g	de beurre	(2 c. à soupe)
100 g	de fromage cottage allégé	(3 1/2 oz)
30 g	de gruyère râpé	(1 oz)
2	échalotes sèches	
	sel et poivre, au goût	

Nutritionnellement vôtre

PAR PORTION	EXCELLENTE SOURCE	BONNE SOURCE
Énergie: 362 Cal	Thiamine	Niacine
1510 kJ	Vitamine B6	Folacine
Protéines: 14 g	Vitamine C	Fer
Glucides: 52 g	Magnésium	Zinc
Lipides: 11 g		
Cholestérol: 83 mg		
Fibres alimentaires:		
4,8 g (teneur élevée)		

La pomme de terre contient beaucoup de bons éléments nutritifs: fibres, vitamines B et C, fer, potassium et aucune matière grasse... à condition de ne pas la manger sautée ou sous forme de belles frites! La cuisson au four permet de conserver toute sa valeur nutritive. Pelée, la pomme de terre contient environ deux fois moins de fibres et moins de vitamines, car c'est juste sous la pelure qu'elles sont concentrées.

Préparation

- Nettoyer les pommes de terre et les faire cuire au four 40 min environ à 450° F (230° C).
- Dans une poêle en teflon, faire fondre le beurre et y faire revenir les échalotes, le jambon et le poulet. Ajouter l'oeuf dur haché et le persil. Faire cuire 2 min.
- Découper le chapeau des pommes de terre et récupérer la chair qui se trouve à l'intérieur de la pomme de terre.
- Dans un bol en inox, mélanger la chair des

Préparation (Suite)

pommes de terre écrasée avec le mélange contenant jambon, poulet, oeuf dur et persil. Ajouter le fromage cottage. Assaisonner de sel et de poivre.

- Garnir les pommes de terre du mélange préparé. Saupoudrer de gruyère râpé. Faire gratiner au four au gril 3 min.
- Décorer l'assiette de salade radicchio et salade verte ciselées.

La pomme de terre Idaho a une belle chair dense. Elle est idéale pour les pommes de terre cuites au four dans leur pelure.

Une fois le chapeau de la pomme de terre Idaho coupé, on peut la préparer pour la farcir.

L'oeuf dur haché doit l'être très finement.

Note:

La pomme de terre Idaho est idéale pour les farcis.

Technique:

Ciselées: Coupées en fines lanières.

Technique:

Revenir: Mettre une viande ou des légumes dans un corps gras et faire chauffer à feu vif jusqu'à légère coloration.

Technique:

Gratiner: Passer au four un mets saupoudré de chapelure ou de fromage râpé pour lui faire prendre une couleur dorée.

MENU ALLÉGÉ

Pour 4 personnes

Ingrédients

1/2 bout.	de riesling	(1 1/2 .asse)
4	poires, type Bartlett	
1	citron	
250 ml	de sirop léger	(1 tasse)
2	mangues, type Mission, mûres	
	feuilles de menthe, pour la décoration	

Sirop léger

150 g	de sucre	(2/3 tasse)
1 L	d'eau	(4 tasses)

Nutritionnellement vôtre

PAR PORTION	EXCELLENTE SOURCE	BONNE SOURCE
Énergie: 249 Cal	Vitamine A	Fer
1040 kJ	Vitamine C	
Protéines: 1 g	Vitamine E	
Glucides: 50 g		
Lipides: 1 g		
Cholestérol: 0 mg		
Fibres alimentaires: 8,3 g (teneur très élevée)		

Ce dessert renferme beaucoup de fibres alimentaires. Des études ont démontré qu'une alimentation riche en fibres pourrait diminuer le risque de cancer de l'intestin. Comme l'alimentation occidentale est pauvre en fibres, on recommande de doubler notre consommation en mangeant plus de produits céréaliers à grains entiers, de fruits, de légumes et de légumineuses.

Préparation

- Préparer un sirop léger composé de 2/3 tasse de sucre et de 4 tasses d'eau portés à ébullition.
- Éplucher les poires et les frotter au citron pour éviter qu'elles noircissent. Ajouter le vin au sirop léger, et porter à ébullition. Faire pocher les poires dans ce mélange 15 min à feu moyen. Après ce temps, laisser les poires dans le sirop et réfrigérer 3 h.
- Éplucher les mangues mûres. Les passer au mélangeur électrique sans obtenir une purée lisse.
- Dresser la purée dans les assiettes et poser la poire pochée au milieu.
- Décorer de petites feuilles de menthe ou autres, ou encore de zestes d'orange et/ou de citron.

Note:

La purée de mangue en compote peut se faire à l'avance et peut également être cuite. Dans ce cas, ajouter 1 pomme par mangue pour donner du "corps" et 30 g (2 c. à soupe) de sucre par pomme.

Décoration:

Pour une décoration plus raffinée, simuler une feuille avec la mangue. Pour ce faire, décorer le pourtour de la purée d'un trait de chocolat fondu, ainsi que le centre. Placer une petite barquette garnie de bleuets sur le côté.

**Mousseline de citrouille
à l'orange**

**Escalope de flétan à la coriandre
et au gingembre**

Salade de litchis au saké

Pour 4 personnes

MOUSSELINE DE CITROUILLE À L'ORANGE

Ingrédients

1	petite citrouille de 400 g	(1 lb)
3	oeufs	
175 ml	de crème 35%	(3/4 tasse)
50 ml	de jus d'orange	(10 c. à thé)
2,5 ml	de zestes d'orange	(1/2 c. à thé)
1	pincée de muscade	
	beurre, pour beurrer les moules	
4	petits moules à crème caramel	
	sel et poivre, au goût	

Nutritionnellement vôtre

PAR PORTION	EXCELLENTE SOURCE	BONNE SOURCE
Énergie: 230 Cal 960 kJ	Vitamine A	Riboflavine
Protéines: 6 g		
Glucides: 5 g		
Lipides: 21 g		
Cholestérol: 219 mg		
Fibres alimentaires: 0,7 g		

L'association citrouille orange rétablit l'équilibre vitaminique de ce plat, car si la citrouille est pauvre en vitamine C, l'orange en contient beaucoup.

Préparation

- Éplucher la citrouille et retirer les pépins.
- Cuire la chair à la vapeur ou dans de l'eau, 30 min.
- Passer la chair de citrouille au mélangeur électrique avec le jus d'orange et la crème 35%. Ajouter les oeufs. Saler et poivrer. Ajouter la pincée de muscade et les zestes d'orange.
- Beurrer des petits moules à crème caramel et les remplir aux 3/4 du mélange. Cuire au bain-marie 30 à 35 min à 325° F (170° C). Laisser reposer 2 min.
- Passer la pointe d'un couteau à l'intérieur de la mousseline. S'il en ressort propre, la mousseline est cuite. Sinon, prolonger la cuisson. Démouler dans les assiettes.
- Accompagner, si désiré, d'une sauce légère à base de yogourt et d'herbes fines (sauce non cuite).
- Décorer de zestes d'orange et de suprêmes d'orange.

Note: Ce plat peut se servir en entrée ou encore comme légume d'accompagnement.

Truc: Si vous décorez les assiettes de suprêmes d'orange, il faut opérer de la façon suivante: débarrasser des quartiers d'orange de la membrane blanche qui les recouvre. Coupez les quartiers en deux dans le sens de la largeur s'ils sont très gros.

Note: Les zestes d'agrumes doivent toujours être blanchis (plongés dans de l'eau bouillante quelques instants) pour enlever leur âcreté.

MENU GOURMET

Pour 4 personnes

ESCALOPE DE FLÉTAN À LA CORIANDRE ET AU GINGEMBRE

Ingrédients

1	pousse de gingembre	
4	escalopes de flétan de 160 g	(5 oz)
	chacune	
30 ml	d'huile d'olive	
	extra-vierge	(2 c. à soupe)
50 ml	de vermouth blanc	(10 c. à thé)
100 ml	de fumet de poisson blanc	(1/3 tasse)
100 ml	de crème 35%	(1/3 tasse)
2	échalotes sèches hachées	
1,25 ml	de coriandre fraîche OU	(1/4 c. à thé)
3 g	de coriandre séchée	(1 1/2 c. à thé)
50 g	de petits morceaux de	
	beurre doux, très froid	(10 c. à thé)
	sel et poivre, au goût	

Nutritionnellement vôtre

PAR PORTION	EXCELLENTE SOURCE	BONNE SOURCE
Énergie: 413 Cal	Vitamine A	Vitamine E
1730 kJ	Niacine	
Protéines: 29 g	Vitamine B6	
Glucides: 2 g	Magnésium	
Lipides: 29 g		
Cholestérol: 111 mg		
Fibres alimentaires: 0 g		

La coriandre porte souvent le nom de persil arabe ou persil chinois. Ses feuilles fraîches s'emploient dans la cuisine orientale tout comme celles du persil ou du cerfeuil. Les grains sont aussi comestibles et on les retrouve comme ingrédients dans les marinades grecques et scandinaves.

Préparation

- Éplucher le gingembre à l'aide d'un couteau économe et le râper en petits morceaux.
- Dans une poêle en teflon, chauffer l'huile d'olive. Y faire cuire les escalopes de flétan assaisonnées au préalable de sel et poivre. Lorsque les escalopes de flétan sont cuites, les disposer sur un plat allant au four.
- Faire fondre le beurre dans une casserole, sans l'amener à coloration. Ajouter les échalotes hachées, et faire cuire en transparence 2 min. Ajouter le vermouth blanc et le fumet de poisson. Faire réduire de moitié. Ajouter la crème, le gingembre et la coriandre, et faire cuire nouveau 2 min.
- Terminer la sauce au fouet, en y incorporant les petits morceaux de beurre bien froid. Assaisonner au goût.
- Réchauffer le poisson et le disposer dans chaque assiette nappé de sauce.
- Décorer de feuilles de coriandre fraîche et de gingembre râpé.

Truc:	Garniture suggérée :	Vin suggéré:
Acheter 1 filet de flétan chez le poissonnier et le faire presque congeler. Ceci permet de le découper beaucoup plus facilement.	Purée de chayottes rehaussée de poivre vert.	Chardonnay blanc.

MENU GOURMET

Pour 4 personnes

SALADE DE LITCHIS AU SAKÉ

Ingrédients

250	ml	de saké	(1 tasse)
250	ml	de sirop léger	(1 tasse)
4	dz	de litchis frais OU en conserve	
2,5	ml	de zestes d'orange	(1/2 c. à thé)
1/2		citron	
30	g	de cassonade	(2 c. à soupe)
4		petites branches de menthe fraîche	
4		coupes à champagne OU jolis verres	

Sirop léger

150	g	de sucre	(2/3 tasse)
1	L	d'eau	(4 tasses)

Nutritionnellement vôtre

PAR PORTION	EXCELLENTE SOURCE	BONNE SOURCE
Énergie: 147 Cal 610 kJ	Vitamine C	
Protéines: 1 g		
Glucides: 29 g		
Lipides: 0 g		
Cholestérol: 0 mg		
Fibres alimentaires: 0,6 g		

Les litchis renferment plus de vitamine C qu'une quantité équivalente d'oranges. Au supermarché, la vitamine C porte souvent le nom d'acide ascorbique. On la retrouve sous cette appellation sur les étiquettes apposées sur les aliments.

Préparation

- Incorporer le saké au sirop léger réalisé comme suit. Mélanger le sucre et l'eau et porter à ébullition.
- Si vous utilisez des litchis en conserve, utilisez le sirop de la conserve au lieu du sirop léger ci-haut.
- Ajouter les zestes d'orange et réfrigérer 3 h.
- À l'aide du citron, frotter la lèvre des coupes à champagne ou des verres et passer dans la cassonade pour givrer les verres.
- Disposer les fruits dans les coupes et ajouter le jus.
- Pour une jolie présentation, passer une feuille de menthe dans un bâtonnet de plastique ou un cure-dents de couleur, et piquer dans le litchi. Ou utilisez des litchis frais encore attachés à leurs branches sur laquelle vous fixerez de petites feuilles de menthe ou de mélisse. Placez la coque d'un litchi vide sur le pied de la coupe pour l'embellir. Agrémentez d'une petite grappe de raisins verts et de feuilles de menthe ou de mélisse.

Truc:

Pour éviter l'amertume que créent les zestes d'orange, les blanchir à l'eau bouillante, puis faire refroidir.

Technique:

Blanchir: Passer quelques minutes à l'eau bouillante pour attendrir ou enlever l'âcreté.

MENU FOLIE

Petit chèvre chaud à la frisée
et huile de noisette

Steak tartare "à la Serge"

Gâteau de crêpes aux bleuets
ou myrtilles

MENU FOLIE

Pour 4 personnes

PETIT CHÈVRE CHAUD À LA FRISÉE ET HUILE DE NOISETTE

Ingrédients

2	crottins de Chavignol OU
2	picodons
8	feuilles de frisée
2	petites poignées de doucette ou de mâche
10 ml	d'huile de noisette (2 c. à thé)
	sel du moulin

Nutritionnellement vôtre

PAR PORTION	EXCELLENTE SOURCE	BONNE SOURCE
Énergie: 130 Cal	Vitamine A	
540 kJ	Folacine	
Protéines: 6 g		
Glucides: 5 g		
Lipides: 10 g		
Cholestérol: 25 mg		
Fibres alimentaires: 0,6 g		

Pour connaître le contenu en gras d'un fromage, on doit regarder sur l'étiquette: % M.G., pour "matières grasses". Il est préférable de choisir plus souvent des fromages qui contiennent moins de 25% de matières grasses, comme les suivants: chèvre, brie, camembert, Oka, feta, ricotta, cottage ainsi que les fromages partiellement écrémés.

Préparation

- Couper les fromages en deux dans le sens du diamètre, les tiédir au four à 300° F (150° C) 4 ou 5 min, et les passer au gril 1 min.
- Mélanger les salades et aromatiser à l'huile de noisette.
- Disposer le chèvre sur de petits croûtons grillés, et badigeonner ces derniers d'huile de noisette.

Note:

Le crottin de Chavignol est un petit fromage de chèvre sec d'un diamètre d'environ 5 cm (2 po). On le trouve dans les fromageries ou épiceries fines. Le picodon est une autre variété de fromage de chèvre.

Note:

On trouve l'huile de noisette uniquement dans les épiceries fines.

MENU FOLIE

Pour 4 personnes

STEAK TARTARE "À LA SERGE"

Ingrédients

500 g	de viande maigre de cheval OU de viande de boeuf bien dégraissée	(1 lb)
30 g	de câpres fines hachées	(1 oz)
30 g	d'oignon haché	(1 oz)
20 g	de persil haché	(1/4 tasse)
4	filets d'anchois hachés	
20 ml	de citron OU le jus d'un citron pressé	(4 c. à thé)
50 ml	d'huile d'olive extra-vierge	(10 c. à thé)
10 ml	de moutarde forte, type Dijon	(2 c. à thé)
5 ml	de sauce Worcestershire	(1 c. à thé)
3	jaunes d'oeufs Tabasco, au goût sel, au goût poivre du moulin, au goût	

Nutritionnellement vôtre

PAR PORTION	EXCELLENTE SOURCE	BONNE SOURCE
Énergie: 380 Cal 1590 kJ	Niacine Fer	Riboflavine Vitamine E
Protéines: 29 g		
Glucides: 2 g		
Lipides: 27 g		
Cholestérol: 246 mg		
Fibres alimentaires: 0,5 g		

La viande de cheval convient particulièrement bien au steak tartare. Elle est plus maigre que la viande de boeuf, et moins énergétique. Pour obtenir un délicieux steak tartare, acheter la viande peu avant sa consommation.

Préparation

• Hacher la viande très fraîche au couteau, puis dans un bol en bois, mélanger la moutarde et les jaunes d'oeufs. Incorporer l'huile d'olive peu à peu (comme pour faire une mayonnaise). Ajouter les câpres, l'oignon et le persil et bien mélanger de nouveau. Ajouter le jus de citron et le Tabasco. Ajouter la viande, la sauce Worcestershire et les anchois. Bien mélanger. Saler et poivrer, si nécessaire.

Préparation (Suite)

- Goûter. Rectifier l'assaisonnement.
- Mouler chaque steak tartare dans les assiettes, décorer avec des feuilles de salade verte, d'endive ou de cresson.

Les principaux ingrédients qui composent un steak tartare.

Mélanger la moutarde et les jaunes d'oeufs, puis ajouter l'huile d'olive, peu à peu.

Hacher la viande très fraîche au couteau.

Ajouter tous les autres ingrédients et bien mélanger.

Mouler le steak tartare.

Garnitures suggérées:	Note:	Vins suggérés:
Toujours des pommes de terre frites ou des pommes sautées.	Pour réaliser un steak tartare, la viande de boeuf doit être de première catégorie et ne contenir aucun morceau de gras.	Côtes-du-Rhône ou Beaujolais.

Pour 4 à 6 personnes

GÂTEAU DE CRÊPES AUX BLEUETS OU MYRTILLES

Ingrédients

10	crêpes fines sucrées	
200 g	de fromage à la crème	(3/4 tasse)
100 ml	de crème 35%	(1/3 tasse)
100 g	de bleuets frais OU de myrtilles	(2/3 tasse)
50 g	de sucre	(10 c. à thé)
4	feuilles de gélatine OU	
1	sachet de gélatine en poudre	(15 ml)
30 ml	d'eau	(2 c. à soupe)

Pâte à crêpes Pour 1 L (4 tasses)

1 L	de lait 2%	(4 tasses)
350 g	de farine à pâtisserie	(2 3/4 tasses)
6	oeufs	
100 g	de sucre	(1 bon 1/3 tasse)
5 g	de sel	(1/2 c. à thé)
5 ml	de zeste d'orange râpé	(1 c. à thé)
5 ml	de zeste de citron râpé	(1 c. à thé)
100 ml	d'huile de tournesol	(1 bon 1/3 tasse)

Nutritionnellement vôtre

PAR PORTION			EXCELLENTE SOURCE
	Sans sauce	Avec sauce	
Énergie:	294 Cal	387 Cal	Vitamine A
	1230 kJ	1620 kJ	
Protéines:	7 g	7 g	
Glucides:	23 g	47 g	
Lipides:	20 g	20 g	
Cholestérol:	126 mg	126 mg	
Fibres alimentaires:			
	0,9 g	1,8 g	

La myrtille est la cousine européenne du bleuet. Elle renferme moins d'eau, plus de chair et sa saveur concentrée est plus prononcée que celle du bleuet. Les deux baies sont peu énergétiques (56 Cal par 100 g) et contiennent plusieurs éléments nutritifs en petites quantités.

Préparation

- Disposer la farine en forme de fontaine, dans un saladier.
- Ajouter au milieu, le sel, le sucre et l'huile, puis 1 L de lait tiède de préférence. Mélanger et ajouter les oeufs. Bien battre et passer si nécessaire à la passoire fine.
- Ajouter ensuite en dernier les zestes blanchis au préalable.
- Laisser reposer 2 h avant de préparer les crêpes. Faire un cercle de carton en découpant une bande de 5 cm (2 po) dans un morceau de carton assez souple, en collant les deux extrémités à l'aide de ruban adhésif.
- Adapter le cercle de carton à la grandeur des crêpes.
- Fouetter la crème et y ajouter le sucre.
- Faire gonfler la gélatine dans de l'eau tiède et bien faire dissoudre sur feu tiède. Ajouter la gélatine fondue au fromage à la crème puis, à l'aide d'une cuillère de bois, ajouter la crème.
- Garnir chaque crêpe du mélange précédent et répartir quelques fruits. Recommencer l'opération pour toutes les crêpes, en les empilant les unes sur les autres, à l'intérieur du cercle de carton. Terminer le dessus du gâteau en le nappant du reste du mélange de crème.
- Laisser prendre 3 h au réfrigérateur. On peut abricoter le dessus du gâteau avec de la gelée d'abricot. Servir en pointe, accompagné de "coulis pommes cannelle" et décorer avec des fruits.

Coulis "Pommes cannelle"

250 g	de pommes McIntosh	(1/2 lb)
100 g	de sucre	(7 c. à soupe)
20 ml	de jus de citron	(4 c. à thé)
1,5 g	de fécule de maïs OU	
	d'arrow root	(1/2 c. à thé)
50 ml	de jus de pomme	(10 c. à thé)
1	bâton de cannelle	

- Éplucher les pommes et en retirer le centre. Couper en morceaux et placer dans une casserole avec le jus de citron, le sucre, le jus de pomme et le bâton de cannelle. Cuire 20 min à feu doux. Passer au mélangeur électrique en ayant enlevé la cannelle au préalable. Ajouter la fécule de maïs dans un peu d'eau et laisser refroidir.

Truc:

Si le coulis épaissit, le détendre avec un peu de jus de pomme.

Notes:

À défaut de fruits frais, on peut utiliser des fruits congelés.

Le gâteau peut se congeler sans problème.

Technique:

Abricoter: À l'aide d'un pinceau, badigeonner la surface d'un gâteau avec de la gelée d'abricot ou de la confiture tamisée, pour lui donner un aspect brillant.

MENU BUFFET

Tarte d'aubergines et courgettes
à l'huile vierge

Saumon au four et à l'aneth

Gâteau de pâtes à la tomate
et au basilic

Chutney de petits fruits
aux épices

Tranches de potiron confites
au sirop d'érable

MENU BUFFET

Pour 8 personnes

Ingrédients

400 g	de pâte brisée	(1 petite lb)
3	courgettes moyennes	
2	aubergines	
1	tomate coupée en petits dés	
1	gousse d'ail haché, débarrassé de son germe	
1	branche de basilic	
50 ml	d'huile d'olive	(10 c. à thé)
	sel et poivre, au goût	
	huile d'olive, pour badigeonner	

Nutritionnellement vôtre

PAR PORTION	EXCELLENTE SOURCE	BONNE SOURCE
Énergie: 176 Cal 740 kJ		Vitamine C
Protéines: 2 g		
Glucides: 13 g		
Lipides: 13 g		
Cholestérol: 0 mg		
Fibres alimentaires: 1,8 g		

Cette recette aux allures provençales est la preuve que les tartes aux légumes n'ont pas toujours besoin d'oeufs et de crème. Résultat: moins de gras et aucune trace de cholestérol, mais la découpe de la tarte doit se faire prudemment. Cette recette n'ayant pas d'agent de liaison, elle est fragile.

Préparation

- Étaler la pâte au rouleau sur 1/2 cm (1/5 de po) d'épaisseur environ. En garnir un moule à tarte de 22,5 cm (9 po).
- Éplucher les aubergines et les courgettes et les couper en rondelles.
- Faire chauffer l'huile d'olive et y faire sauter la tomate et l'ail en même temps et les autres légumes séparément 3 min environ. Assaisonner. Égoutter les légumes séparément et les laisser refroidir. Placer successivement sur le fond de tarte, les courgettes, les dés de tomate mélangés à l'ail et les aubergines.
- Badigeonner légèrement d'huile d'olive et ajouter le basilic haché.
- Faire cuire à 350° F (180° C) 25 min environ.

Note:

Cette tarte peut se servir froide ou chaude.

Truc:

Il faut toujours enlever le germe qui se trouve au milieu de la gousse d'ail, car il est indigeste.

SAUMON AU FOUR ET À L'ANETH

Ingrédients

1	saumon de l'Atlantique de 2 kg	(4 lb)
2	branches d'aneth haché OU à défaut,	
10 ml	de graines de fenouil	(2 c. à thé)
2	gousses d'ail haché débarrassé de son germe	
40 ml	de moutarde forte, type Dijon	(8 c. à thé)
50 ml	d'huile d'olive extra-vierge sel et poivre, au goût	(10 c. à thé)

Sauce

100 ml	de beurre doux	(1 bon 1/3 tasse)
1	citron pressé OU	
40 ml	de jus de citron	(8 c. à thé)

Préparation

- Bien nettoyer, saler et poivrer le saumon de l'Atlantique à l'intérieur.
- Faire chauffer l'huile d'olive et y faire revenir l'ail haché. Saler et poivrer.
- Mélanger la moutarde et l'aneth haché et badigeonner l'intérieur du saumon. Fermer le saumon à l'aide de cure-dents. Saler de nouveau le saumon dessus et dessous. Envelopper le saumon dans une feuille de papier d'aluminium huilée au préalable.
- Préchauffer le four à 400° F (200° C) et faire cuire sur une plaque allant au four 30 min environ. À la moitié du temps de cuisson, retourner le saumon et poursuivre la cuisson.
- Faire fondre le beurre et y ajouter le jus de citron.
- Retirer la peau du saumon au moment du service. Présenter le saumon accompagné du beurre fondu au citron.

Nutritionnellement vôtre

PAR PORTION	Sans sauce	Avec sauce	EXCELLENTE SOURCE
Énergie:	349 Cal	415 Cal	Thiamine
	1460 kJ	1740 kJ	Niacine
Protéines:	39 g	39 g	Vitamine E
Glucides:	1 g	1 g	
Lipides:	20 g	27 g	BONNE SOURCE
Cholestérol:	122 mg	142 mg	Riboflavine
Fibres alimentaires:			Vitamine B6
	0,3 g	0,3 g	Magnésium

Des études effectuées chez des Inuits, puis chez des pêcheurs japonais, ont révélé une incidence moins élevée de maladies du coeur. Ceci serait en partie attribuable à leur alimentation riche en poissons qui contiennent des "bons gras". Il est recommandé de consommer au moins 2 à 3 repas de poisson par semaine.

Technique:

Faire revenir: Mettre une viande ou un légume dans un corps gras et faire chauffer à feu vif jusqu'à légère coloration.

Truc:

C'est le germe qui se trouve au milieu de la gousse d'ail qui est indigeste, pas la chair de la gousse d'ail!

Vins suggérés:

Rosé très frais ou vin d'Alsace.

MENU BUFFET

Pour 8 personnes

GÂTEAU DE PÂTES À LA TOMATE ET AU BASILIC

Ingrédients

500 g	de pâtes sèches à lasagne	(1 lb)
6	tomates fraîches	
20 g	de sucre	(4 c. à thé)
4	gousses d'ail haché débarrassé du germe	
4	bonnes poignées de feuilles d'épinard	
6	branches de basilic frais	
4	oeufs	
200 ml	de crème 35%	(1 bon 3/4 tasse)
60 ml	d'huile d'olive	(4 c. à soupe)
60 g	de gruyère râpé	(2 oz)
4 g	de thym frais	(1 c. à thé)
	sel et poivre, au goût	
	moule à pain ou terrine rectangulaire	

Nutritionnellement vôtre

PAR PORTION	EXCELLENTE SOURCE	BONNE SOURCE
Énergie: 476 Cal	Vitamine A	Niacine
1990 kJ	Thiamine	Vitamine B6
Protéines: 16 g	Riboflavine	Folacine
Glucides: 56 g	Vitamine E	Vitamine C
Lipides: 22 g	Fer	Calcium
Cholestérol: 145 mg	Magnésium	Zinc
Fibres alimentaires:		
5 g (teneur élevée)		

Les pâtes sont nutritives et pauvres en gras. Elles constituent un aliment privilégié pour les sportifs car leur digestion permet d'obtenir du glycogène, un précieux "carburant" mis en réserve dans le foie et utilisé par les muscles au cours d'une activité. Certaines sont mêmes enrichies de protéines, de fer, de vitamine B ou de fibres. Il suffit de bien lire l'étiquette.

Préparation

- Faire cuire les pâtes à l'eau bouillante salée, 6 à 7 min, puis les faire refroidir à l'eau froide.
- Émonder, épépiner les tomates et les hacher finement.
- Dans une casserole, chauffer l'huile d'olive, ajouter la tomate, le sucre, le thym, et cuire 2 à 3 min, puis ajouter le basilic et l'ail. Cuire de nouveau 2 à 3 min.
- Équeuter les épinards et les laver. Faire sauter à la poêle avec un peu d'huile d'olive. Assaisonner et réserver.
- Prendre une terrine rectangulaire et la beurrer en tenant compte du "truc plus" ci-bas.
- Battre la crème avec les oeufs entiers et passer chaque tranche dans le mélange réservé. Disposer une couche de lasagne, puis saler et poivrer légèrement. Recouvrir avec les épinards, puis la tomate. Recommencer l'opération jusqu'à épuisement du mélange. Terminer par la lasagne.
- Verser ce qui reste du mélange crème-oeufs sur la dernière lasagne, ajouter le gruyère râpé et cuire au bain-marie à 375° F (190° C) 28 à 30 min.
- Laisser reposer 5 min avant de démouler et servir avec une bonne sauce tomate au basilic.

Truc plus:

Pour démouler la terrine d'un seul coup, beurrer un papier paraffiné et le mettre au fond de la terrine avant d'y empiler les ingrédients.

Truc:

Pour couper facilement le gâteau, le préparer la veille et le découper à l'avance. Le réchauffer 15 min au bain-marie avant de servir.

Technique:

Émonder: Plonger dans de l'eau bouillante quelques instants et enlever la peau à l'aide d'un petit couteau.

CHUTNEY DE PETITS FRUITS AUX ÉPICES

Ingrédients

250 g	de framboises fraîches	(1/2 lb)
1	oignon	
250 g	de myrtilles ou de bleuets	(1/2 lb)
2	pommes	
1	cantaloup	
50 ml	de vinaigre de framboises	(10 c. à thé)
150 g	de cassonade	(2/3 tasse)
30 g	de beurre doux	(2 c. à soupe)
10	grains de cumin	
2 g	de muscade	(1/2 c. à thé)
1 g	de clou de girofle moulu	(1/4 c. à thé)
15 ml	de pectine, type Certo	(1 c. à soupe)

Nutritionnellement vôtre

PAR PORTION   EXCELLENTE SOURCE   BONNE SOURCE

Énergie: 45 Cal
          190 kJ
Protéines: 0 g
Glucides: 10 g
Lipides: 1 g
Cholestérol: 2 mg
Fibres alimentaires: 1 g

Le chutney est un condiment aigre-doux à base de fruits ou de légumes relevés d'épices. Il sert d'accompagnement aux ragoûts et aux plats froids et peut se conserver plusieurs mois au frais dans des pots hermétiques, comme les confitures. Le chutney aux mangues est très populaire dans la cuisine indienne.

Préparation

- Éplucher les pommes et le cantaloup, retirer le coeur et les pépins. Découper les fruits en morceaux.
- Émincer l'oignon et le faire revenir dans le beurre fondu 2 à 3 min jusqu'à transparence. Ajouter les pommes et le melon coupés en morceaux, la cassonade et le vinaigre de framboises.
- Faire cuire à couvert à feu moyen 30 min. Assaisonner avec les épices. Ajouter hors du feu les petits fruits. Reporter à ébullition et ajouter la pectine. Conserver en pots de verre ou dans du grès.

Note:

Ce chutney peut se servir en accompagnement de viandes, de volailles ou encore, peut être servi avec des salades.

Technique:

Émincer: Couper en tranches minces.

Terme culinaire:

Jusqu'à transparence: Jusqu'à ce que l'on voit au travers de l'ingrédient avant coloration.

TRANCHES DE POTIRON CONFITES AU SIROP D'ÉRABLE

Ingrédients

1	petit potiron de 400 g	(1 petite lb)
2 L	de sirop léger	(8 tasses)
100 g	de cassonade	(1 bon 1/3 tasse)
200 ml	de sirop d'érable de 1er choix	(3/4 tasse)

Sirop léger

150 g	de sucre	(2/3 tasse)
1 L	d'eau	(4 tasses)

Nutritionnellement vôtre

PAR PORTION   EXCELLENTE SOURCE   BONNE SOURCE

Énergie: 144 Cal
         600 kJ
Protéines: 0 g
Glucides: 37 g
Lipides: 0 g
Cholestérol: 0 mg
Fibres alimentaires:
1 g

Le sucre est une source d'énergie rapidement utilisable par l'organisme. Les fruits confits, consommés à l'occasion, sont une façon agréable de se sucrer le bec. Dans le midi de la France, les fruits confits sont une spécialité régionale reconnue à travers le monde.

Préparation

- Préparer le sirop léger comme suit. Faire cuire ensemble le sucre et l'eau et porter à ébullition. Réserver.
- Éplucher le potiron et l'épépiner. Découper des tranches d'1/2 cm (1/4 po) de long.
- Faire cuire les tranches de potiron dans le sirop léger 30 min. Les égoutter sur un linge. Ajouter le sirop d'érable au sirop léger et reporter à ébullition. Faire réduire le sirop de moitié. Continuer de faire cuire encore 15 min, puis égoutter.
- Laisser reposer sur un linge au réfrigérateur une nuit.
- Disposer sur des assiettes, saupoudrer de cassonade et faire gratiner au four 2 à 3 min.
- Décorer d'un petit panier fait de nougatine et garni de cerneaux de noix caramélisées, ou d'une décoration au goût.

Truc:

Ce dessert est excellent avec une crème glacée à l'érable et aux noix ou aux marrons.

Technique:

Épépiner: Enlever les pépins.

APPORTS NUTRITIONNELS (*)

ÉLÉMENT NUTRITIF	RÔLES PRINCIPAUX	RECOMMANDATIONS QUOTIDIENNES
Vitamine A	Aide au mécanisme de la vision nocturne et au maintien de la santé de la peau et des tissus	1000 ER
Thiamine (B1)	Essentielle à la respiration cellulaire et à la transformation des sucres en énergie	1,3 mg
Riboflavine (B2)	Entretient la peau et les tissus et aide au fonctionnement du système nerveux	1,6 mg
Niacine (B3)	Nécessaire à la croissance et au développement	23 EN
Pyridoxine (B6)	Utile pour le métabolisme des protéines, des glucides et des lipides	1,8 mg
Folacine	Requise au niveau génétique et sanguin	220 mcg
Vitamine C	Participe à la formation des substances entre les cellules et à la conservation des vaisseaux sanguins	60 mg
Vitamine E	Sert d'antioxydant dans les tissus	10 mg
Calcium	Forme les os et les dents et aide à la coagulation du sang	1100 mg
Magnésium	Intervient dans la contraction musculaire et la libération d'énergie des aliments	250 mg
Fer	Forme l'hémoglobine et transporte l'oxygène dans le sang	14 mg
Zinc	Intervient dans la fabrication de l'insuline et des enzymes de croissance et de reproduction	9 mg

(*) Sauf pour les enfants de moins de 2 ans

g = gramme   **mg** = milligramme   **mcg** = microgramme   **ER** = équivalent rétinol   **EN** = équivalent niacine

AUTRES RECOMMANDATIONS NUTRITIONNELLES

SEXE	ÂGE	BESOINS MOYENS EN ÉNERGIE Cal	kJ	LIPIDES PAR JOUR (correspondant à 30% de l'énergie)	FIBRES	CHOLESTÉROL
Femme	19-24	2100	9000	70 g	20-30 g	300 mg
	25-49	1900	8000	63 g	20-30 g	300 mg
	50-74	1800	7500	60 g	20-30 g	300 mg
Homme	19-24	3000	12500	100 g	20-30 g	300 mg
	25-49	2700	11500	90 g	20-30 g	300 mg
	50-74	2300	9500	77 g	20-30 g	300 mg

...ports nutritionnels recommandés pour les Cana-
...ens. Santé et Bien-être social Canada, 1983.

...rectives en matière d'étiquetage nutritionnel.
...rection générale de protection de la santé, Santé
...Bien-être social Canada, 1988.

...uide des fabriquants et annonceurs - Aliments.
...onsommation et Corporations Canada, édition
...visée, 1988.

Manuel de nutrition clinique. Corporation pro-
fessionnelle des diététistes du Québec, 1987.

Valeur nutritive de quelques aliments usuels. Santé et
Bien-être social Canada, édition révisée, 1987.

LOGICIEL UTILISÉ

The Food Processor II: Nutrition and diet analysis
system. ESHA Research, 1988.

INDEX GÉNÉRAL DES TECHNIQUES
ET TERMES CULINAIRES

...bricoter, 129
...l'aide d'un pinceau, badigeonner la surface d'un
...essert d'une couche de confiture d'abricots ta-
...isée ou de gelée d'abricot, pour donner un aspect
...illant.

...u blanc, 37
...ette préparation a pour but de conserver blanches
...s substances que l'on plonge dedans.

...ain-marie, 10,18,32,33,55,65,71,92,122,134
...asserole d'eau bouillante dans laquelle on place
...n autre récipient de diamètre inférieur, contenant
...e préparation à cuire.

...anchir, 55,71,95,116,124
...asser quelques minutes à l'eau bouillante pour
...tendrir ou enlever l'âcreté.

...unoise, 43,101,106
...égumes coupés en très petits dés.

...iseler, 42,63,118
...ouper en julienne (voir ce mot) des légumes
...erbacés, des feuilles de laitues, ou autres salades.

...oncasser, 36,43,52,60,64,75,81,82,95,103,134
...acher grossièrement.

Déglacer, 76
En fin de cuisson, dissoudre les sucs d'une viande à
l'aide d'un liquide.

Dégorger, 96
Faire tremper une viande, un abat ou un poisson
dans de l'eau froide pour les débarrasser du sang ou
de certaines impuretés, ou également, saupoudrer
un légume ou un fruit de gros sel pour lui faire rendre
de l'eau.

Dénerver, 10,32,90
Enlever les parties nerveuses et membranes blanches
ainsi que la peau transparente recouvrant les abats,
à l'aide d'un petit couteau pour en améliorer la
présentation. Également, enlever les parties
nerveuses des pétoncles, des huîtres ou des moules
qui les relient à leurs coquilles.

Écaler, 60,65
Enlever l'écorce dure des noix, amandes, noisettes,
pistaches. Également, enlever la coquille d'un oeuf.

Écumer, 27,90
Retirer l'écume à la surface d'un liquide.

Émincer, 52,70,102,112,135
Couper en tranches minces.

Émonder, 20,38,54,134
Se dit surtout pour la tomate. Plonger dans de l'eau bouillante quelques instants et enlever la peau à l'aide d'un petit couteau de cuisine.

Épépiner, 20,38,107,134,136
Enlever les pépins.

Escaloper, 90
Couper en tranches minces poissons, viandes, etc.

Étamine, 64
Tissu employé pour passer un coulis, une gelée, une sauce épaisse ou une purée de fruits. On place le tissu dans une passoire ou un tamis et on passe l'ingrédient en l'écrasant à l'aide d'une spatule. On peut également le passer en tordant les deux extrémités du tissu en sens inverse.

Étuver, 97
Faire cuire à feu doux, dans un récipient hermétiquement fermé. On ajoute parfois un corps gras.

Flamber, 10,22,37,72,90
Verser un alcool sur un aliment et y mettre le feu.

Gratiner, 50,58,92,112,118
Passer au four un mets saupoudré de chapelure ou de fromage râpé pour lui faire prendre une couleur dorée.

Julienne, 53,108
Bâtonnets de 3 à 5 cm de longueur et de 3 mm d'épaisseur.

Macérer, 80,87,92,109
Laisser reposer quelque temps un fruit dans un liquide.

Monter, 17,28
Battre au fouet manuel une sauce, ou battre au fouet électrique ou manuel des blancs d'oeufs pour en augmenter le volume.

Napper, 28,59,64,113,123,129
Recouvrir une assiette ou un mets d'une couche de sauce épaisse ou de crème.

Pocher, 26,33,72,113,119
Cuire un plat dans un liquide que l'on porte à ébullition à peine visible.

Revenir (faire), 10,20,21,37,42,48,53,58,59,70,75,80,81, 90,91,102,107,116,118,133
Mettre une viande ou des légumes dans un corps gras et faire chauffer à feu vif jusqu'à légère coloration.

Sauter (faire), 13,75,90,92,106,116,132,134
Faire colorer rapidement des viandes, crustacés légumes à feu vif, dans un corps gras en les remu pour qu'ils n'attachent pas.

Suer, 16,43,62,64
Mettre une viande, un poisson ou autre ingrédie dans une poêle contenant un corps gras. Couvrir chauffer à petit feu jusqu'à léger ramollissement.

Transparence (cuire en), 123,135
Faire cuire sans coloration jusqu'à ce que l'on voit travers de l'oignon ou de l'échalote, par exemple.

INDEX GÉNÉRAL DES RECETTES